W0467751

EL SEGUNDO QUE CAMBIÓ MI VIDA

Encuentra el tuyo

Víctor Tasende

Hispamérica
BOOKS

EL SEGUNDO QUE CAMBIÓ MI VIDA. ENCUENTRA EL TUYO

Primera edición: mayo de 2015
© de la Edición HISPAMERICA BOOKS, S.L. (2015)
Telef. (00 34) 91 028 28 51
Madrid, España
© Víctor Tasende
Diseño de la cubierta: Antonio García Tomé
Fotografías de la cubierta: Gimena Berenguer, Xabier Martínez y Santi Villamarín

No se permite la reproducción total o parcial de este libro, ni su incorporación a un sistema informático, ni su transmisión en cualquier forma o por cualquier medio, sea éste electrónico, mecánico, por fotocopia, grabación o cualquier otro medio sea cual fuere si el permiso previo y por escrito del editor. La infracción de los derechos mencionados puede ser constitutiva de delito contra la propiedad intelectual (articulo 270 y siguientes del Código Penal).

ISBN 978-84-943959-6-3
Depósito Legal: M-18784-2015
Impreso en España

EL SEGUNDO QUE CAMBIÓ MI VIDA

Encuentra el tuyo

Nunca es demasiado tarde para ser la persona que quieres ser,

este libro va dedicado a tí

Prólogo

Hace años que la cabecera de mi blog rezaba "I *don't know where the limit is but i know where it's not*". Un capricho del destino que obtuvimos entre Iván (un amigo informático) y yo. Para más inri, años después, a través de las redes sociales, un chico me pidió que le hiciera una pulsera de silicona donde se reflejara ese slogan, y como éste era demasiado grande para la pulsera, se me ocurrió formular la pregunta *Where is the limit*?

Si alguien responde esa pregunta es Víctor Tasende, una persona luchadora, constante y perseverante que nos demuestra constantemente que no hay límites y que si en esta vida tienes un objetivo, luchas por él y crees que eres capaz de conseguirlo, entonces eres capaz de prácticamente cualquier cosa, sea en lo profesional, deportivo o personal.

Víctor lleva con nosotros como atleta dos años y desde el primer día se ha mostrado alegre, optimista y colaborador, siendo consciente de la importancia de visualizar los objetivos, con realismo pero con mentalidad positiva.

Tener la desgracia de sufrir una tetraplejia a los 17 años entrando en una piscina imagino que ha de ser tremendo, pero quién le diría a Víctor que años después estaría cruzando la meta de la *Titan Desert* (600 kilómetros de mountain bike en 6 etapas por el desierto del Sahara) o la meta de un *Ironman* (3'8 kilómetros nadando + 180 kilómetros en bicicleta + 42 kilómetros corriendo). Quizás, y eso solo lo sabe él, una desgracia trajo una nueva vida. Una vida de objetivos y lucha.

Un libro emotivo con una historia de superación tremenda que sin duda hará relativizar al lector su idea del "no puedo".

Josef Ajram

Introducción

Aquí me encuentro, en mi escritorio, frente al ordenador y a punto de empezar lo que hasta ahora es el reto más grande que me he planteado en mi vida, para el que más me he preparado y al que más respeto le tengo, y es que escribir un libro nunca es fácil.

Mi vida siempre ha venido marcada por situaciones que me han hecho madurar de forma prematura. En muchas ocasiones no fue una opción, sino una manera de adaptarse y continuar, y en otras, mi afán de superación me ha hecho tomar las riendas y afrontar los hechos como un reto, como un escalón más, para, paso a paso, seguir el camino.

Uno de los hechos que más me han marcado fue el criarme con mi abuela. Sin duda, la ausencia de mis padres, por desavenencias del destino, marcó mucho mi camino, pero el afán de superación, el espíritu luchador y la constancia de mi abuela, hicieron que nunca, en ningún momento, careciera de cariño o apoyo alguno por su parte, tanto durante mi proceso de aprendizaje y crecimiento, como ante mi peor desgracia, a los diecisiete años, cuando, tras una serie de desafortunados hechos, sufrí un accidente en una piscina, sufriendo una lesión medular, una tetraplejia incompleta.

Sin duda, estos dos hechos y todos los resultados que se sucedieron a lo largo de toda mi vida en torno a estos momentos han provocado que sea la persona que soy hoy en día.

Todos nos creamos una historia según vamos avanzando en la vida, y he de decir que aquella tarde cambió totalmente la mía. Reconozco que este accidente fue el peor momento de mi vida y el que más me marcó, pero sé que todo lo que vino después fue un regalo muy bien aprovechado, sin duda ha sido con el que más he aprendido a superarme y a evolucionar como persona, tomándome el deporte como filosofía de vida y la búsqueda de nuevos retos en mi día a día.

"La peor desgracia de mi vida fue el mejor regalo de mi vida".

Hoy en día siempre digo que soy la mejor versión de mí mismo, que hasta justo antes de mi accidente era una persona muy reservada y tímida, con sus aspectos positivos y negativos, positivos inculcados desde pequeño, y negativos propios de cualquier persona, pero que después del accidente me volví mucho más abierto, intenso e intrépido. Todo lo positivo se potenció, todo lo que tenía dentro se magnificó, todas las cosas importantes o por las que valía la pena luchar tomaron más sentido que nunca, y todo lo negativo desapareció, o pasó a un segundo plano, a hechos sin importancia que para nada marcan hoy en día mi camino.

Por todo ello, el deporte ha pasado a ser pilar fundamental en mi vida, y ya no solo porque fuese la clave de mi recuperación, sino porque a día de hoy es mi vida, es mi estilo y es lo que me da la vitalidad, energía, fuerzas, ganas y claridad para enfrentarme a mi día a día. Es, sin duda, la mejor medicina que conozco.

Desde siempre he pensado que todos estamos predestinados a realizar un fin, y que nosotros somos los que escogemos el camino para conseguirlo, que si lo creemos y luchamos por ello con todas nuestras fuerzas, con todas nuestras ganas, tarde o temprano, de una u otra manera, llegaremos a ese fin, habremos conseguido ese objetivo, porque en la vida no hay que tener miedo para cumplir un sueño, hay que trabajar cada día en los detalles, porque el secreto sin duda viene marcado por los detalles, siempre lo he creído y lo creo, los detalles marcan la diferencia.

Por eso, en cada encrucijada de mi vida me digo *"haz las cosas que quieres, si dudas, hazlo, no quieras, dentro de unos años, cuando repases tu vida, decir que no te atreviste a hacerlo"* porque la vida se basa en levantarte una vez más de la que te caes hasta conseguirlo siempre, porque si quieres ¡puedes!

Sin duda la búsqueda de nuevas motivaciones y el afán de querer superarme a mí mismo me han llevado a vivir unas magníficas experiencias dentro y fuera del deporte en varias partes del mundo, disfrutar de cada instante y exprimir la vida como nunca antes había creído que era posible hacer.

Actualmente estoy en un punto de mi vida en el que intento decirle y explicarle a la gente que es dueña de su destino, que pueden decidir, que pueden tomar el control cuando ellas quieran, que no es necesario vivir un hecho traumático o próximo a la muerte, como me sucedió a mí, para darse cuenta de que ellos son sus propios líderes, de que ellos son los que deciden, que ellos tienen el control, y que si quieren y creen en ello, pueden, sin duda, de una manera u otra, tarde o temprano, conseguir aquello que se han propuesto. Paso a paso, escalón a escalón, ladrillo a ladrillo, buscando ese muro perfecto, maravilloso y firme que les lleve a su cima personal.

Por ello quiero escribir este libro, y lo cierto es que no sé cómo acabará, pero si se de qué manera quiero empezarlo. Sin duda, podemos estar toda la vida esperando ese salto que nos pueda transportar y llevar a sitios maravillosos que desconocemos, o dar el paso y empezar el viaje.

El segundo que cambió mi vida

Con diecisiete años y la única idea de disfrutar y exprimir el verano, todo comenzaba otra tarde más, otra tarde de aparente e inocente diversión en una piscina, donde tirarse de cabeza era lo normal día a día. Rozábamos lo transgresor, nos creíamos unos valientes por ser los que más alto saltábamos, los que más lejos llegábamos y los que hacíamos la filigrana más bonita, sin pensar, sin pararnos a comprender que ese momento, ese instante, podría cambiar toda una vida. Poco tiempo después así fue.

Al comienzo de la tarde todo era normal, el sol brillaba, la temperatura era agradable y las carcajadas resonaban en nuestros oídos. Con el paso de las horas la noche hizo acto de presencia, y tras los últimos saltos, tras la última acrobacia antes de marcharnos para casa y disfrutar de otro sábado de verano, ocurrió lo peor, lo que nadie imaginaba. Ya no se escucharon más las risas, en ese momento ya solo se escuchaban mis agónicos gritos.

Y es que tras estar casi todo el verano zambulliéndome en la piscina desde el mismo sitio, a la misma altura, y con la misma fuerza, ese día, que ya era el último, el último salto de ese momento, donde ya llevaba seis saltos, me lancé, sin pensarlo, sin mirar atrás, solo corriendo hacia la cornisa situada a dos metros de altura del agua y me zambullí de cabeza en la piscina de más de dos metros de profundidad. Recuerdo el fuerte impacto de mi cabeza contra el fondo de la piscina y quedarme inmediatamente inmóvil. Hoy todavía no sabría decir si fue un segundo o un minuto el tiempo que aguante la respiración, pero sí recuerdo y tengo muy marcado que fue una eternidad. Estar bajo el agua, manteniendo la respiración, sin poder moverme, sin poder reaccionar, sin poder hacer nada por salir, por sobrevivir, fue agónico y muy angustioso.

La gente siempre dice que ve pasar su vida por delante. Yo siempre dije y digo que en ese momento, en ese instante eterno, vi pasar todo lo que no había hecho, todos los momentos que había desaprovechado, toda la vida que me quedaba por vivir.

Tras ese instante, allí me encontraba, flotando boca abajo en el agua y me doy cuenta de que estoy a punto de ahogarme sin poder hacer nada para evitarlo, como si tuviese las manos atadas y unos pesos enganchados en mis pies que me arrastran hacia el fondo. No dejo de pensar **"voy a morir", "voy a morir"**. Me parece mentira que vaya a morir así de esa manera tan triste, solo y joven, pero aguantando la respiración espero a que llegue el final, mi final.

No sé cuánto tiempo pasó, pero cuando ya no tenía esperanza alguna de salir de allí, se acercaron a mí, pero pensando que era una broma me hicieron dos aguadillas consecutivas. Recuerdo cada una de ellas como si fuese ayer, tengo en mi memoria grabado ese dolor a fuego. Durante los intervalos de tiempo que tenía la cabeza fuera del agua gritaba, desgarrándome la garganta, pero mis gritos eran ignorados pensando que era una broma de niños, de tal manera que, cuando acabaron de hacer la segunda aguadilla allí me dejaron, boca abajo, aguantando la respiración una vez más, y sin ninguna esperanza ya de salir de esa situación, sentí como el tiempo se ralentizaba, y viéndome a mí mismo desde lo alto de las piedras bajo el agua sin poder moverme, aguante la respiración por última vez.

Fue entonces cuando la fortuna hizo aparición. Tras recibir una patada de la persona que se alejaba nadando de mí, ésta hizo que me voltease, y flotando en el agua, sin poder moverme, con el agua por la comisura de los labios y respirando por la nariz, gritaba cuando era capaz de hacerlo sin tragar el agua, llorando y sin conseguir que me hiciesen caso.

Fueron varios minutos los que allí estuve flotando, gritando una y otra vez que no era una broma, que me ayudasen, hasta que agarrado por un brazo me llevaron a la orilla de la piscina y allí nuevamente me dejaron a expensas de que acabase con mi broma, a que me levantase y me fuera para casa.

Pasados ya varios minutos y visto que la situación exteriormente cobraba seriedad debido a mis continuos gritos y lloros, se acercaron a mí, comprendieron la situación y llamaron a mi abuela y a los servicios médicos.

De toda esa noche tengo muy grabado en mi memoria el tiempo de espera de la ambulancia medicalizada, una ambulancia especial para trasladarme hasta el hospital de manera segura y controlada. Recuerdo cada segundo que tardó en llegar, aún con medio cuerpo dentro del agua, y tapado por unas toallas. En ese tiempo me derrumbé completamente. Durante esa espera, todavía sin saber muy bien cómo me encontraba, pero solo sintiendo como me caían las lágrimas por mis mejillas y, gritando y gritando, mirando al cielo, me convencí de que si salía de esa y que si volvía a caminar, nunca me rendiría, que siempre emprendería retos nuevos, y que no me dejaría estancarme. Que lucharía por lo que quisiese hasta el final, y que nunca, por muy adversas que fuesen a ponerse las cosas, me rendiría o dejaría de llegar a donde me lo hubiese propuesto.

En ese momento hice una promesa al cielo. en ese momento me prometí que si volvía a andar realizaría el Camino de Santiago todos los años mientras mi físico y mis medios me lo permitiesen.

Tras la interminable espera llegó la ambulancia que estaba preparada para atenderme, y tras un proceso de inmovilización y estabilización, me introdujeron en ella. Recuerdo que una vez dentro me cortaron el bañador y la pulsera contra el racismo que llevaba puesta, y también me quitaron una esclava muy preciada para mí, tanto que en ese momento solo preguntaba una y otra vez por ella, por aquella esclava que a día de hoy aún llevo en mi muñeca, una esclava que me hace ver y comprender el antes y el después de todo ese momento en mi vida.

Una vez en la ambulancia y con mucho frío por un principio de hipotermia que estaba sufriendo, no pude más, y desfallecido y superado totalmente por la situación cerré los ojos. Recuerdo que en ese momento la enfermera me susurro al oído y me dijo **"tranquilo, descansa, lo has hecho muy bien, eres un valiente, ya estás en buenas manos, te cuidaremos bien, y la esclava te la guardo yo".**

Cuando llegamos al hospital, que no sabría decir cuanto tiempo nos llevó, me despertaron y me llevaron a la zona habilitada para la exploración. Una vez allí, a mi alrededor no dejaba de ver a mucha gente, mucho alboroto, gritos y descontrol, hasta que me estabilizaron. Fue entonces cuando mi ángel anónimo me agarró la cabeza, me pidió que no me preocupase, que me centrase en su voz y siguiera sus indicaciones para comprobar cómo me encontraba en ese momento. A día de hoy no se quien fue mi heroína anónima, la que me dio tranquilidad en ese momento de caos, pero mentiría si no dijese que para mí, ese día y durante todo el proceso, estuve rodeado de muchos héroes anónimos, enfundados tanto en una bata como en un uniforme, que me ayudaron en todo el proceso.

Pasadas las horas y después de todo el proceso de esa noche, ya de madrugada, llegó el momento en que me vi solo en la habitación. Tras todas las horas, tras toda esa vida eterna experimentada en ese tiempo y únicamente escuchando el pitido de las pulsaciones de la máquina a la que estaba conectado, deje de llorar y fui consciente de la cruel realidad de la situación que estaba viviendo. No era una pesadilla, era la realidad. En ese instante me aferré al poco valor que en ese momento me quedaba, y fue entonces cuando cambió todo en mi cabeza. Fue ahí cuando empezó todo.

Durante los tres primeros días, con la cabeza inmovilizada, recuerdo ver pasar constantemente a mi familia y a los médicos. Nadie decía nada, pero en el reflejo de sus rostros se podía comprender todo. No había vuelta atrás, la realidad era una pesadilla, y en ese momento no había esperanza de un posible sueño con final feliz.

Lo primero que sucedió es que me operaron de urgencia al tercer día. La lesión afectó a toda la zona medular y cervical, y tenían que intervenir cuanto antes para hacer una recolocación y reconstrucción de las vértebras afectadas, además de ver el estado real de la médula. Tras poner a mi familia en aviso, y notificar a mi abuela el riesgo elevado de la intervención, empezaron a escucharse las palabras tetraplejia y paraplejia. Una vez más, mi abuela, valiente y luchadora como siempre, fue la que tomó la decisión y me intervinieron.

Del proceso de la intervención vagamente recuerdo algo. Sé que se basaba en una intervención con anestesia general en la zona medular, accediendo desde la parte frontal, para así reconstruir las cervicales con un trozo de la cresta ilíaca de mi lado izquierdo de la cadera, y alcanzar así también a ver el estado real de la lesión y las condiciones en las que se encontraba la médula. De toda esa situación solamente tengo alguna que otra imagen de verme en el quirófano, rodeado de mucha gente y con unas luces muy potentes alumbrándome, hasta el momento en el que me desperté tras la operación angustiado por no conseguir respirar bien por el tubo que tenía colocado en la boca, tubo que inmediatamente me quitaron a la par que me tranquilizaban.

Después de la operación, y de un tiempo en observación, fue el momento de partida. Los médicos tenían más esperanzas dado el resultado de la intervención, pero eran realistas y no vaticinaban ciertamente ningún resultado. Una vez más informaron a mi familia y me mantuvieron al margen, algo comprensible por otra parte, ya que es muy diferente estar en una cama postrado sin saber bien del todo que pasa y cuál puede ser el resultado, pese a no poder mover ningún músculo, dejando una esperanza a la épica, que saber en esa misma situación que, sin estar seguros de tu futuro, probablemente nunca más podrás moverte por ti mismo ni ser autosuficiente sin ayuda de algo o de alguien.

Los siguientes días fueron largos y duros. En observación y sin mucho contacto con mi familia, las horas pesaban, las ideas eran muy negativas, no me veía con fuerzas, no veía nada claro como esa vez podría salir victorioso de esa batalla, la batalla más importante de mi vida, y cada minuto que pasaba la realidad pesaba más y más.

Lo cierto es que esos momentos fueron verdaderamente muy duros. Recuerdo que debido a la medicación y a mi propio cansancio, dormía y dormía, y sólo durante los momentos que me mantenía despierto estaba más tranquilo, porque durante las largas horas de sueño solo pensaba una y otra vez en ese momento de lanzarme al agua, y me auguraba continuamente una vida amargada y triste, una vida dependiente de mi pobre abuela, que ya me había criado, y que ahora veía como de nuevo tenía que hacerlo, pero esta vez sin una lógica evolutiva con un final feliz.

Los días fueron pasando y no recuerdo cuanto tiempo estuve en esa cama, pero sí que mi familia venía a verme, a saludarme e intentar normalizar una situación con palabras bonitas enmascaradas en una cruel y compasiva realidad, pero manteniéndose firmes y constantes, mostrándome su apoyo y su cariño pese a lo que veían en esa cama.

Los siguientes días comenzaron a venir mis amigos más cercanos, porque pese a mi negativa de que se enterasen y viniesen a verme, el hecho de no conseguir localizarme y mi desaparición, hizo que ellos mismos buscasen información e indagasen qué pasaba conmigo, por qué no contestaba a sus llamadas, por qué no estaba por el barrio, por qué no aparecía por los sitios que siempre frecuentábamos juntos.

Un hecho que siempre tuve, tengo y tendré muy presente es la compañía de un buen amigo, que desde la misma noche del accidente, hasta el día que salí por la puerta, estuvo conmigo, a mi lado, día tras día, aguantando, resistiendo, y poniendo buena cara siempre, en todo momento, sin importarle lo que dijesen, simplemente estando allí, siendo un hermano para mí.

Tanto mi familia como mis amigos fueron algo clave y fundamental en mi recuperación. Pese a mi situación y a todo lo que rodeaba la cruel realidad de lo que veían al venir a verme, estuvieron ahí siempre, haciendo que subconscientemente no fuera tan realista con mi situación, generando una semilla de esperanza y confianza en mí.

Y es que la realidad de esa situación es muy cruel, porque muchas veces la gente cree que para sufrir una lesión medular hace falta tirarse de cabeza a una piscina, o tener un accidente con un coche o una moto a cien kilómetros por hora, pero la triste y cruel realidad es que no sólo esas situaciones marcan las vidas de las personas. Claro está que esas situaciones juegan muy en contra de sufrir una lesión medular, pero en ocasiones un simple resbalón y una mala caída pueden postergar a una persona el resto de su vida en una cama o en una silla de ruedas.

Por ello durante el proceso eres más consciente que nunca de la realidad de la vida, y de la razón fundamental de exprimirla y disfrutarla cada día, y de no dejar que el tiempo pase sin que te des cuenta que vale la pena estar aquí y vivirla.

Durante este proceso no solo la parte física se ve afectada, sino que la cabeza sufre un golpe psicológico muy grande, porque pese a que lo aparente y lo que más se ve es el cuerpo, la mente sufre y entra en una espiral de negatividad de la cual no es fácil salir. En ese momento solo tienes dos opciones: dejarte ir, no hacer nada, no esforzarte y el día de mañana arrepentirte solo en casa y ya sin esperanzas de poder hacer nada para mejorar, o sacar el poco valor que pueda quedarte en ese momento, buscar las ganas y la motivación para seguir y poner así todo de tu lado para avanzar. Porque si ves a tu alrededor médicos, enfermeros, auxiliares y terapeutas dando lo mejor de cada uno para ayudarte, pese a la cruel realidad que viven cada día, y a la impotencia que puedan sentir, y ves a tu familia y amigos, día tras día, al pie del cañón, esforzándose en poner buena cara y decir las palabras adecuadas que necesitas escuchar, aunque sepas que son una mentira piadosa, sin duda juntas las ganas para esforzarte ahí, en ese momento con todos los recursos a tu alcance. No te permites ser tan egoísta como para fallar y defraudar a toda esa gente que está dando lo mejor por ti, y arrepentirte en tu casa, tumbado y sin poder ya hacer nada más que ver el tiempo pasar por una ventana.

El tiempo pasaba, y aún allí en observación, mi cabeza se iba curando. Pese a ver a mi cuerpo todavía sin aparente signo de querer hacer nada, en mi cabeza germinaba una idea, una motivación, comenzaba a sentir las ganas de luchar por mí y por todos ellos, y sobre todo por mi abuela. Esa sin duda fue la clave, esa fue la mayor idea, la más fuerte y la que más motivación me dio para luchar y esforzarme cada día, poder valerme por mi mismo, ya fuese en silla o como fuese, pero que no tuviera que castigar a mi abuela con criarme de nuevo hasta el fin de sus días. Por ello comenzaba a sentirme fuerte, sabía que tocaba ser paciente, pero que si tenía las ganas, tarde o temprano de una manera u otra llegaría el momento de poder esforzarme y devolver todo lo que me daban todos esos héroes anónimos que estaban conmigo día a día.

Con todas esas ideas nuevas en mi cabeza veía un nuevo y esperanzador futuro, y recuerdo que, tras pasarme varias semanas en esa misma cama, escuchando los pitidos del monitor, los gritos de mi compañero y ver pasar a un sinfín de gente, me incorporaron en una cama a la que llamábamos “el papa móvil”, una cama que podía inclinarse de tal manera que casi te incorporaba, como si estuvieras erguido. Las primeras sensaciones fueron extraordinarias. Una de las primeras cosas que comprendí es que siempre hay algo más allá de lo que nuestros propios ojos ven. Estaba casi de pie, fijado en una cama, contemplando la enorme sala donde llevaba varios días, la misma sala que hasta instantes antes creía que era minúscula, cuatro paredes que hacían que me asfixiara, y resultaba que hasta teníamos vistas por una ventana.

Tengo muy presente ese momento en el que me acercaron hasta un ventanal y alcancé a comprender lo pequeño que me sentía en ese momento ante el gran mundo que estaba frente a mí, y contemplando por primera vez con envidia y admiración cada detalle que en ese momento veía por ese cuadro perfecto de una tarde de verano, con la playa en primer plano y las montañas al fondo, quería volver a estar ahí fuera, quería sentirme grande, no quería tener miedo y quería sentir todo de nuevo.

En ese momento un familiar que estaba conmigo abrió lo poco que la ventana permitía, y recuerdo como si fuese ayer la brisa en mi cara, y cómo el sol, el cálido sol calentaba mis mejillas, y me grabé y me guardé ese recuerdo, porque me decía a mí mismo que quería volver a sentirlo así.

Tras esos momentos y agotado, volví a la cruel realidad de mi antigua cama, pero esta vez algo había cambiado en mí. Lo sentía dentro, las ganas estaban y la motivación era más fuerte que nunca, en ese momento sabía que algo dentro de mi había cambiado, me dormí, y por primera vez en mucho tiempo mi sueño fue tranquilo, relajante e inspirador, por primera vez no tenía miedo a dormirme, porque sabía que al despertarme me esperaba todo un mundo ahí fuera.

"A día de hoy, cada vez que entro en una piscina o en el mar, un escalofrío recorre mi cuerpo, y muchos pensamientos y angustias bombardean mi cabeza. Cada vez que entro de nuevo en el mar es una lucha".

Mi vida antes del accidente

Era de lo más normal, era un chico sin demasiadas preocupaciones. Vivía el día a día con la única idea de hacer lo menos posible y descansar mucho, no sentía preocupaciones, y de vez en cuando era algo gamberro, creía que era un héroe por ello, que era mejor, y que por ello podía destacar en el grupo, que podía ser más popular y ganarme el respeto de mis amigos, muchas veces desobedeciendo lo que me había dicho una persona más mayor que yo.

Lo cierto es que estaba muy equivocado, ni era un héroe, ni era el mejor, ni el más chulo, sino que era un inconsciente por no hacer caso a lo que me decían, a lo que era bueno para mí, y a lo que necesitaba, porque muchas veces cuando te dicen *"estudia, que es por tu bien"*, solo piensas en ver la televisión o jugar a los videojuegos y descansar rodeado de tus amigos al sol, sin preocuparte de nada más, o cuando te dicen *"eso no lo hagas que es malo…."* parece que es una provocación para saltarse esa norma, para creernos transgresores y hacer lo contrario. O simplemente cuando te dicen *"no saltes de cabeza a la piscina"* y tú vas, inconsciente de la cruel realidad del resultado que puede darse, y para parecer el valiente y el más soberbio, vas y saltas, sin pensar en las consecuencias que pueden cambiar tu vida en un segundo.

Hasta esa noche había sido una persona que no destacaba en los estudios. Siempre me sentía muy desanimado en clase, y rápidamente me aburría todo aquello que no me interesaba o todo aquello por lo que no sintiera una aparente preocupación de hacerme preguntas. Tampoco era un deportista nato ni mucho menos, debido a mi gran peso corporal y a que me cansaba con relativa facilidad era de los primeros alumnos que se sentaba al estar realizando cualquier actividad en las clases de gimnasia.

Estudiaba poco y siempre a última hora lo necesario para ir aprobando, y aún así en muchas situaciones no llegaba, por ello repetí curso. Siempre me sentí muy incomprendido en ese aspecto, porque cuando encontraba algo que me gustaba y por lo que me preocupaba, yo mismo me daba cuenta de lo que era capaz y de lo fácil que me resultaba realizar las diferentes tareas, como en física, ciencias o sociales. Pero cuando algo no me interesaba y hacía que me aburriese, pese a querer esforzarme como sabía que podía conseguir, no llegaba al mismo nivel, como me pasaba en química o lengua.

A día de hoy, si de algo me arrepiento, pese a que trabajo para cambiarlo, fue el no haber aprovechado el momento para estudiar más, pese al aburrimiento y a que no me comprendiesen. Tanto entonces como hoy pensaba y pienso que el papel de un estudio que dice que eres apto o no apto para realizar un trabajo está muy sobrevalorado, ya que en muchas ocasiones una persona muy preparada y experimentada, por no tener un papel que le acredite para ello, no tiene ni una sola oportunidad de demostrar lo que sabe y lo que vale, mientras otra, que quizás estando más acreditado pero no necesariamente más preparado para ejercer ese puesto, tiene mil oportunidades. Personalmente no me parece que eso sea del todo justo.

No obstante, pienso que estar formado es importante, sobre todo en idiomas, y si de otra cosa me arrepiento en mi vida es de no haber estudiado más idiomas entonces donde el aprendizaje hubiese sido más fácil y fluido. Aunque siempre estemos a tiempo de cambiar algo que no nos guste, es una realidad que la vida tiene tiempos y tiempos donde hay que vivir las diferentes experiencias que se nos van presentando. No era tampoco un deportista nato, ni tan siquiera del montón. Es cierto que era mi asignatura favorita, pero dado mi sobrepeso y mi falta de esfuerzo y sacrificio, no era nada constante para conseguir los objetivos, por ello también hacía lo justo y necesario para seguir avanzando en ese momento. Siempre era el primero en sentarme cuando hacíamos algo, fuese donde fuese, y la comida era mi recurso más fácil al que echaba el guante sin control ninguno por mi parte. No había chuchería o bollería que no comiera o conociera, y las cantidades en las que lo hacía, sumadas a todas las bebidas azucaradas que tomaba, tampoco ayudaba a que mis noventa kilos y menos de un metro setenta fuesen a menos con el poco ejercicio que aún encima hacía por aquel entonces.

Siempre digo que en aquella época me sentía como la pescadilla que se muerde la cola. No hacía deporte porque comía mucho, y acababa comiendo más porque no hacía deporte y me sentía mal conmigo mismo. Así iba engordando poco a poco y limitándome más a la hora de poder hacer determinados deportes e incluso actividades de la vida cotidiana; en consecuencia era el último en todo en mi vida diaria, y era el primero en sentarme cuando podía, excusándome por ello.

Así, desde ya muy jovencito siempre se metían conmigo por el tema del peso cada vez que tenían oportunidad, y durante años fui el centro de mofas y burlas por parte de muchos compañeros de clase, colegio e instituto.

Durante todos esos años los motes fueron parte de mi vida. Me acompañaron siempre por las diferentes fases, y dado mi carácter tímido y reservado de esa época, nunca hacía nada para evitarlo porque constantemente tenía miedo y me sentía muy inseguro de mí mismo para enfrentarme a cualquier problema, y lo cierto es que pese a que no quería dejar que todo eso me afectase, día tras día soportar esas mofas y burlas que iban minando mi moral y bajando mi autoestima, haciendo que me cuestionara todo.

A día de hoy mi peso ronda los sesenta y ocho kilos, no sin esfuerzo, constancia y sacrificio, pero fue posible, fue posible adelgazar. Pero pese al resultado en el que me encuentro ahora, he de decir que no partía con los noventa kilos de entonces, sino que tras el accidente, en el momento que pude empezar a hacer deporte muy progresivamente, ya cruzaba holgadamente la frontera de los cien. Con un total de ciento quince kilos de peso comencé mi aventura en el mundo del deporte.

Desde pequeño, a pesar de criarme sin padres, nunca acuse su ausencia, no tenía muchos recuerdos, y aún con todos los referentes que veía en mis amigos, mi abuela, la persona que me crió y que fue una madre para mí, hizo sin duda que en ningún momento me faltase cariño y apoyo. Me inculcó unos valores y unos principios que conservo a día de hoy, y que fueron un pilar fundamental en el proceso de recuperación del accidente y de mi vida.

Su papel no fue para nada fácil. Tuvo que lidiar conmigo día a día, volver a criar a un segundo hijo que era un nieto, y amoldarse a las necesidades e ideas de aquel tiempo en el que me tocaba vivir a mí, hecho que logró y superó con creces, porque pese a que en ese momento no tenía lo que quería o deseaba como si tenían otros amigos míos, ella me hizo aprender a valorar lo que tenía, y a querer trabajar por lo que quería conseguir, dando valor y sentido a los objetivos y a los objetos materiales que quería tener, y no complaciendo todas las necesidades que como niño quería, o que socialmente era lo que tocaba porque los demás lo tenían, o porque aparecía en los anuncios de la televisión. Sin duda, esa manera tan valiente de afrontar mi infancia por su parte, hizo que hoy en día valore cada objetivo que consigo, y que tenga muy presente el valor del esfuerzo y el sacrificio a la hora de obtener una recompensa por un trabajo realizado por uno mismo, además de la importancia del trabajo y la constancia durante todo el camino.

Si bien es cierto que por norma general no tuve los últimos juguetes, ni el mejor móvil, o la ropa y calzado más moderno y popular, nunca me faltó lo necesario para poder estudiar y formarme, ni nunca me faltó comida en la mesa ni ropa que ponerme, y pese a lo ajustado de nuestra economía sustentada por su pensión, nunca me faltó tampoco un regalo por los reyes magos o mi cumpleaños, ya fueran calcetines o pijamas, pero nunca me faltó.

Y es que dicho ahora más mayor, más maduro y con el buen resultado que todo eso proporcionó, es fácil, pero durante esa época y de la manera que hizo y me enseñó para hacerme comprender nuestra situación, ayudo mucho a que todo fuese así.

Además, hubo algo, que pese al tiempo y a los disgustos que como niño le podía causar nunca me faltó, su cariño, apoyo y comprensión, hechos fundamentales que hicieron que sea el hombre que soy hoy en día.

Porque pese a todo, y pese a la situación complicada que vivíamos, su máxima, su idea y la manera en la que me crió, fue con el objetivo de que pudiese valerme por mi mismo llegado el momento. Y así fue como poco a poco y adelantado a mi edad fui madurando prematuramente de tal manera que, cuando llegó el momento más duro de mi vida, pude reunir el valor suficiente y la entereza necesaria para por lo menos plantar cara y querer salir de esa situación. Sin duda alguna fue gracias a ella y a todo lo que había hecho durante los años anteriores.

Mi vida transcurrió a caballo entre la ciudad en la que principalmente me crié, rodeada de playas y mar, donde estaban mi colegio y parte de mis amigos, y donde me fueron inculcados unos valores de modernidad y tecnología, y el pueblo donde creció mi abuela, en el que pasaba veranos y vacaciones, que me aportó otros más tradicionales y clásicos. Allí disfrutaba de momentos únicos, irrepetibles, al lado de otros amigos, y del hermano de mi abuela, que era como un padre para mí, rodeados de animales, comprendiendo la belleza de la naturaleza y el sentido de los pequeños detalles.

Hoy en día agradezco mucho que mi infancia y parte de mi adolescencia fuese así, porque durante ese tiempo aprendí muchas cosas tanto de un sitio como de otro, buenas y malas, y pese a estar separados por solo unos kilómetros, los valores y los sentimientos aprendidos en uno y otro lugar fueron muy distintos y en ocasiones se encontraban o distaban, haciendo que tuviera diferentes opiniones al respecto de todo lo que en esos sitios me pasaba, permitiéndome tener unos puntos de vista diferentes a los de mis amigos, y viviendo experiencias mucho más importantes y profundas en el día a día.

Durante el tiempo que estaba en la ciudad aprendía a desenvolverme por la ciudad, a ser más autónomo y sobre todo a estar al día de las tecnologías y la información, cada tarde mi infancia venía muy marcada por actividades extraescolares y la televisión, compañera inseparable durante muchas de las horas que pasaba en casa, encerrado en mi habitación jugando a la consola y

pasando el rato con amigos. Vivir en una ciudad con mar y playa me permitió disfrutar de muchos días viendo el mar, disfrutando de la arena y de la brisa marinera en la cara, además de poder subirme a un bus e ir a cualquier parte en cualquier momento.
Los veranos y vacaciones que pasaba en el pueblo aprendía lo que era el concepto de la familia, de amigos para siempre y del trabajo en el campo por y para uno mismo. Porque podía pasar días enteros tumbado en el campo, charlando con amigos a los que más tarde sentía como familia cuando pasaba horas y horas en sus casas trabajando como uno más, y que cuando era necesario cualquiera de ellos hacía lo mismo por mí en mi casa. Allí, en el pueblo, también disfrutaba de la libertad que me proporcionaban las dos ruedas de la bicicleta, pasando buenos momentos en recorridos que a día de hoy son parte de cualquiera de mis entrenamientos, pero que por aquel entonces nos llenaban tardes y tardes de buenos momentos. En el pueblo aprendí lo que era obtener un resultado por el esfuerzo y el sudor de la frente, y lo que ello conllevaba al final del día y con el paso del tiempo.

Las horas corrían y los días pasaban, y pese a que ahora hay cosas de las que me arrepiento, poniéndome en el momento, en la situación, recuerdo y sé que las vivía como venían y quería.

Mi infancia, a diferencia de mi adolescencia, no fue muy complicada. Aunque al nacer en Alemania y venir siendo muy pequeño a España tuve el hándicap de amoldarme al idioma y al curso que por edad me tocaba, lo cierto es que no fue una gran complicación. Era muy pequeño, y pese a que me dicen que sabía hablar alemán, yo no recuerdo nada. A esa edad que aprendes día a día, me amolde rápidamente y fui afrontando los diferentes cursos. Con todo ya pasado y vivido, muchas veces hablamos de la posibilidades que hubiese tenido si hubiese mantenido el idioma, el alemán. Las circunstancias del momento, donde cada decisión marcaba el devenir de las cosas en esos instantes duros y complicados, quizás no permitieron dar los pasos más adecuados, pero si los necesarios para avanzar correctamente.

Mi adolescencia si fue algo más complicada, ya se sabe que hay una ley no escrita por la cual los niños, por naturaleza, se incitan y se pelean entre ellos. Ahora, con cierta perspectiva y el paso de los años se ve de otra forma, pero en ese momento, cuando me tocó vivir esa situación no fue fácil. Mi físico, como expliqué anteriormente, no ayudaba, y que tampoco fuese una persona con mucha confianza y seguridad en mí mismo, hacía que fuese un blanco fácil para las burlas y los insultos. Durante mucho tiempo los motes fueron algo que me persiguieron de cerca, y como tampoco hacía nada para evitarlo, la bola de nieve se hacía más y más grande.

Recuerdo que por aquel entonces le tenía miedo a muchas cosas, y aunque cuando estaba en el pueblo mi actitud era diferente y me gustaba trabajar y ayudar en todo lo que pudiera, en la ciudad intentaba siempre pasar desapercibido a los ojos de todo el mundo, para así no tener que hacer nada y evitar ser criticado o castigado por mis compañeros si algo me salía mal.

Desde que tengo memoria, recuerdo ser una persona muy organizada, muy meticulosa y muy nerviosa, a la que le gustaba que le hiciesen caso, le gustaba liderar los grupos y marcar un consenso en las decisiones grupales, anteponiendo en casi todas las ocasiones los intereses del grupo o de una persona a los míos.

Recuerdo que cuando algo no me interesaba y me acababa aburriendo, perdía la atención rápidamente, de tal manera que al cabo del tiempo si desaparecía de mi vida no me suponía ningún trastorno. Por contraposición, todo aquello que llamaba mi atención, y por lo que sentía un interés verdadero, sacaba todo mi potencial, me esforzaba, trabajaba y continuaba día a día hasta lograrlo, siendo paciente, organizado y meticuloso, porque en el fondo siempre fui muy calculador para conseguir los objetivos si me interesaban.

Según fueron pasando los años ese carácter se fue arraigando y potenciando en mí, haciendo que resultara algo normal, algo del día a día, y sin duda estas cualidades, para bien o para mal, marcaron mucho mi camino los siguientes años, hasta justo antes del accidente, porque como bien digo hoy en día, el accidente me pulió, potenció las cualidades positivas que desde pequeño me habían inculcado, y eliminó prácticamente todas las negativas que desde entonces me acompañaban haciendo que no fuera todo lo bueno que podría ser.

El año del accidente, con diecisiete años, estaba en pleno curso académico y tras repetir el curso, me encontraba afrontando otro verano más, disfrutando con mi moto, con mis amigos, y con las verbenas y fiestas de los pueblos de las zonas cercanas a mi casa, sin ser consciente de la sombra alargada que se cernía sobre mi cabeza por una mala decisión que iba a tomar en un instante, sin saber lo que ese año me deparaba, sin imaginar lo que ese verano marcaría el resto de mi vida.

Poco a poco los días fueron pasando, y fue entonces cuando llegó ese fatídico día. El seis de agosto de dos mil cinco me tiré de cabeza a una piscina por última vez. Hasta ahora es sin duda la mayor estupidez que he hecho, fue el último día de toda mi vida que salté de cabeza a una piscina, y fue la última vez que se me escuchó decir "venga va, la última".

A día de hoy sigo desconociendo el porqué, pero esa noche fue la última vez que lloré. Desde entonces no he vuelto a llorar, ni de tristeza ni de felicidad, por nada que haya valido la pena para mí. Suena muy triste, y siento una gran pena cuando lo pienso, pero supongo que, inconscientemente, en mi interior, a día de hoy no he considerado nada más importante que ese hecho que viví esa noche como para derramar una lágrima. Soy el primero al que esto le da pena, pero es la verdad. Desde entonces, desde esa noche, desde mi accidente, no he podido volver a llorar de esa manera tan profunda, no he vuelto a llorar con el corazón.

El punto de inflexión

Los días pasaban y yo seguía en la misma habitación. La rutina era ya algo cotidiano: desayunar, medicarse, comer, medicarse, cenar, medicarse y dormir para acabar medicándome de nuevo y visitas de doctores y familiares. El paisaje también era el mismo: miraba hacia abajo y veía mi cuerpo inerte, miraba hacia arriba y el mismo techo de color gris me hacía sentir pequeño. Mirase al lado que mirase, la misma cruel realidad marcaba la tónica de mi situación, pero algo en mí, en mi cabeza, había cambiado, y pese a las circunstancias, la idea de salir de ahí seguía floreciendo, esperando el momento, paciente, ganando cada batalla que mi cabeza me planteaba día tras día.

Fue entonces, cuando un día por la mañana, todo cambió. Un dedo de mi mano derecha se movió. En ese momento la duda de si fue un espasmo o un acto voluntario estaba en todos nosotros. Fue una mañana larga e intensa para saber y ver cómo fue y por qué fue. Recuerdo gente pasando por mi cama, uno tras otro, emocionados e ilusionados, con un nuevo frente abierto ante nosotros, y muchas más posibilidades para explotar. Era el momento que esperábamos, era la señal que queríamos, era el punto de partida para empezar.

Tengo el recuerdo de mirarme la mano, durante gran parte del día, una y otra vez, intentando moverla, intentando hacer que mi cuerpo respondiera a mi orden. La frustración estaba, era una compañera inseparable, y había asumido que estaría conmigo mucho tiempo, pero las ganas y la motivación eran mayores, y tras mucho intentar, tras ver mover varias veces mi dedo sin que yo fuese consciente de hacerlo, finalmente conseguí coordinar el momento entre mi cabeza y mi dedo. Quería que fuese así y hacerlo, poder moverlo porque yo quería.

Esa noche dormí aún más feliz. Por primera vez en mucho tiempo lo hacía plenamente feliz, ya no solo tranquilo y sin pesadillas, sino con un objetivo nuevo en mente, y sonreía en la cama del hospital pensando en que más gente era feliz, y que ese punto, aunque pequeño, podía marcar una gran diferencia. En ese momento, más que en ningún otro, pensé en no fallar a toda la gente que me había apoyado, por todo ello me dormí con una sonrisa, que a día de hoy aún no se ha ido.

Sin duda la mañana siguiente fue una alegría para muchos, y fue el principio del comienzo. Poco a poco la movilidad en esa mano fue mayor, con el paso de los días las órdenes en mi cabeza parecían tener resultado en las partes de mi cuerpo que ya comenzaba a sentir. Paso a paso y con mucho trabajo, íbamos obteniendo resultados directos en diferentes partes de mi cuerpo.

Desde ese momento nada me complacía, nada me importaba más allá que seguir, que mejorar; en muchos momentos reconozco que ni valoraba lo que estábamos haciendo, lo que estábamos consiguiendo, solo quería más y más, porque veía que era posible, porque creía que podía ser cierto. Quería más, me decía que ya habría tiempo para lamentarse, pero que no quería arrepentirme de no haber dado lo mejor de mí mismo en ese momento, por eso quería más y más.

Día a día fueron transcurriendo las semanas, yo ya me encontraba en una habitación general en la misma planta con dos compañeros, y podía mover el brazo derecho, no completamente, pero era un muy buen avance. La mano izquierda, aunque atrofiada y más lenta, también parecía que me iba haciendo caso, y poco a poco, entre risas, gracias y esfuerzo, todos fuimos recobrando la esperanza, la alegría y las ganas por seguir.

A lo largo de las siguientes semanas, rápidamente comenzamos con todo el trabajo de rehabilitación, aún en el "papa móvil" pero ya avanzando. Según avanzaba el proceso de la recuperación, al cabo de las semanas desde ese inicio, ya me podían incorporar en la cama y en una silla de ruedas, si me fijaban sin marearme. Tenían que fijarme o ayudarme, ya que yo aún no tenía control sobre mi tronco ni extremidades, pero ya empezaba a ver mi cuerpo desde arriba otra vez, y pese a que todavía pasaba muchas horas en la cama tumbado, los momentos en los que estaba erguido o en la silla, imaginaba correr la sangre por mis músculos aún inertes, y pese a que no sentía nada, era consciente de que ese era otro paso, y tenía que ser paciente. Tocaba esperar de nuevo el momento mientras seguía dando lo mejor de mí mismo cada día al lado de toda la gente que me ayudaba.

Los días seguían pasando, y cada vez perdía más la noción del tiempo. Nada importaba más que el momento en el que estaba. Poco a poco fui ganando movilidad en los brazos, y pese a que aún no era capaz ni mucho menos de coordinar lo que yo pensaba con la acción que acababa realizando, me esforzaba para poner todo de mi lado, siendo consciente de la realidad, pero pensando en una sola idea, la idea de salir adelante yo mismo.

Durante esta fase la comida aún me la tenían que dar, e incluso por las noches me tenían que poner unas férulas en las manos y brazos para que no se me cerrasen solas al dormir. También me hacían lo que yo denominaba “girar la croqueta”, que se basaba en variar mi posición tres veces a lo largo de toda noche para no crear llagas en la piel por falta de circulación. Sin duda no era nada agradable que cada cierto tiempo te despertasen para realizar ese proceso, pero al final te acostumbrabas e incluso esperabas a que llegasen los auxiliares a “girar la croqueta”, al igual que te acostumbrabas al incesante pitido del monitor de las pulsaciones al que estaba conectado. Confieso que en más de una ocasión, no recuerdo muy bien de que manera, acababa quitando el sensor del dedo para no escuchar seguido el pitido, pero lo cierto es que esa tranquilidad no duraba mucho, ya que los auxiliares rápidamente acudían a ver que pasaba.

Sin duda los momentos más duros en la unidad eran por la noche, justo antes de intentar dormir. Durante el día el frenesí de los médicos, enfermeras y auxiliares hacía que la mañana pasase volando, y por la tarde con las visitas de familiares y amigos me evadía de la cruel realidad que en ese momento ahí veía. Cuando todo esto pasaba, a solas en la tranquilidad de mi habitación y ante el escalofriante silencio que se sentía en toda la unidad cuando llegaba la noche, hacía que esta, en muchas ocasiones, se hiciese muy larga, y en más de una ocasión cruel, condenándome a no conseguir pegar ojo.

Los fines de semana no eran tampoco nada fáciles. Como era uno de los pacientes más jóvenes y más recientes en la unidad, y debido a mi estado, no tenía permisos de fin de semana, con lo que no podía ir a mi casa durante el fin de semana. Las horas allí encerrado, en pleno verano, viendo el sol y el mar desde la ventana, hacían que el tiempo transcurriese muy lento, hacía que las horas pesaran como losas, y las cuatro paredes en las que me encontraba no me dejaban respirar. En la unidad en la que estábamos teníamos horarios muy estrictos, se controlaba mucho la cantidad de personas que deambulaban por la planta, y era durante los fines de semana cuando más notaba esa restricción, ya que era cuando más tiempo pasaba solo sin compañía de mis amigos y familiares.

A lo largo de todo el proceso de recuperación hubo varios momentos que marcaron un antes y un después de ese hecho hasta el momento en el que ocurrió. Uno de ellos sucedió un fin de semana viendo una carrera de fórmula uno. La fórmula uno y el mundo del motor en general fue algo que desde muy pequeño me gustó mucho, recuerdo que montaba y desmontaba cualquier cosa que me regalasen o diesen, e incluso yo mismo era el que pedía que me regalasen herramientas y demás utensilios para poder desmontar y montar lo que me apareciera por delante.

Ese fin de semana había carrera de fórmula uno. Yo estaba tumbado en mi cama sin poder aún incorporarme viendo todo el previo de antes del comienzo de la carrera, y justo cuando los pilotos acabaron la vuelta de formación y estaban colocados para salir, yo esperaba con mucha ilusión y euforia la salida, y recuerdo que, en el momento de arrancar los coches, miré a mi familiar que se encontraba al borde de mi cama, con cara estupefacta e incapaz de reaccionar. Me miró y me dijo: "Víctor, ¿te has visto?" Al mirarme me encontré semierguido e incorporado en la cama, estaba casi sentado, sin ayuda. Por mí mismo me había casi incorporado en la cama, casi me había sentado por la euforia de ver bien la salida de los coches.

En situaciones así te das cuenta como el hecho más pequeño puede cambiar toda una vida llena de acontecimientos, te das cuenta como los detalles marcan una diferencia muy importante en el desarrollo de las cosas.

Ese día fue muy emocionante, y pese a que después de ocurrir eso intentase incorporarme varias veces más en la cama, sin ayuda no era capaz. Pero ya sabíamos que era posible, en ese momento habíamos visto que sí se podía, y éramos conscientes que otro escalón estaba subido, sabíamos que aún quedaba mucho para llegar a la cima, pero poco a poco se iban marcando diferencias en el día a día.

Los sucesivos días estuvimos trabajando en la silla de ruedas, y pese a que aún no podía hacer transferencias de la cama a la silla, ni de la silla a la cama, y que tampoco podía desplazarme sin que empujasen mi silla, mi perspectiva era otra, ya me encontraba sentado en una silla y con movilidad en los brazos, y ya podía empezar a ir a los sitios que alcanzaba con la vista desde la cama. Todo esto me permitía asistir más a terapia ocupacional y a rehabilitación, pudiendo esforzarme durante más tiempo al día, potenciando así todo mi cuerpo.

En terapia ocupacional realizábamos varias técnicas y métodos mediante actividades para favorecer la restauración de las diferentes funciones del cuerpo. Intentaban enseñarnos a desenvolvernos por nosotros mismos para suplir las deficiencias incapacitantes a las que la lesión nos sometía. Dependiendo de la lesión y del grado en el que se vieron afectadas las cervicales, lumbares o dorsales, las secuelas podían ser muy variadas, afectando a un hemisferio u a otro, afectando a varias extremidades o a una sola, y podían darse casos desde la pérdida total de la modalidad, a incluso poder mover la extremidades pero no poder coordinarlas ni realizar acciones tan cotidianas como comer, leer o escribir.

En terapia ocupacional nos motivaban, mediante distintas actividades, a ser más independientes y a que, con ayuda de diferentes herramientas, pudiéramos ser más autónomos para poder tener una mejor reinserción a la vida cotidiana y a los hechos del día a día, pudiendo así afrontar mejor las barreras arquitectónicas que nos podíamos encontrar en nuestra vida en cada momento, desde cruzar una acera, a incluso alcanzar una taza o un vaso para desayunar del armario.

Una de las primeras cosas que aprendí en terapia ocupacional fue a comer por mí mismo. En aquel momento aún no era capaz de sujetar ningún utensilio como un tenedor o un cuchillo, y ni mucho menos era capaz de realizar el movimiento propio de llevar el tenedor a la boca o de cortar con el cuchillo. Esto era debido a que no era capaz de cerrar las manos, por eso me pusieron en los utensilios que usaba para comer algo tan simple como una espuma que hacía que fuese más ancho, y así poco a poco podía sujetar los utensilios y comenzar a ejercitar el movimiento de apertura y cierre de la mano al igual que el movimiento de acercar la mano a la boca. Ese mismo método lo usamos también con bolígrafos y lápices.

En aquella sala, cada mañana realizaba trabajos de tacto y sensibilidad, como buscar objetos dentro de un cubo de arena o reconocer figuras con los ojos cerrados y solamente tocando. Allí también trabajaba mucho la coordinación de los dedos por separado, es más, recuerdo que lo que más odiaba era un ejercicio que tenía que hacer de coordinación con los dedos sobre una escalera en miniatura colocada en una pared, subiendo y bajando uno a uno los dedos. Hoy en día cada vez lo que lo hago lo sigo odiando, especialmente con la mano izquierda, aún se me resiste.

Durante todas las horas que pasé realizando estas terapias gané mucha movilidad en mis brazos y manos, hasta tal punto que llegó un momento que yo mismo, muy despacito y casi sin fuerza, podía mover la silla yo solo.

En estas terapias, con todo el trabajo de percepción visual conseguía marearme menos y aguantar más tiempo en la silla, y además podía estar menos tiempo tumbado, ya que los vértigos y los mareos eran menos frecuentes, y la intensidad era menor. Con todos estos trabajos era capaz de seleccionar, organizar y procesar la información que me llegaba, de tal manera que encontraba un significado a la orden y a la acción que inmediatamente se producía cuando realizaba alguna actividad.

Durante tiempo aprendí a realizar todo de nuevo, con la diferencia de que ya tenía el conocimiento para hacerlo, y sabía que era lo que tenía que hacer para realizar la acción que fuese, pero con la dificultad de que en muchas de las ocasiones no conseguía coordinar la orden con la acción, ni la acción con la orden.

Esta situación no fue fácil, recordar que podías hacerlo y que sabías como hacerlo, pero que en ese momento era imposible, frustraba mucho y desde luego te hacía replantearte todo, te preguntabas una y otra vez, "¿por qué saltaste?", "¿por qué hiciste esa estupidez?", pero día tras día, una y otra vez, a base de insistir e insistir, las cosas iban saliendo.

Todos estos trabajos en terapia ocupacional, que realizaba a primera hora de la mañana, eran completados por trabajos de rehabilitación física, también llamada rehabilitación medicinal o neuropsicológica, que se basaba en realizar actividades musculares más específicas para restituir las funciones cognitivas del sistema nervioso central, trabajando las secuelas a un nivel totalmente muscular.

Al principio no me gustaba nada el tiempo que allí estaba, me frustraba mucho y sentía que no avanzaba, me parecía que estaba perdiendo el tiempo, pero como veía que la gente se esforzaba y que estaban ahí día tras día para ayudarme, yo, pese a todo lo malo, no quería defraudarles y ponía lo poco que podía para ir avanzando. Según pasaba el tiempo iba observando pequeños cambios que me motivaban y hacían que quisiese más y más, y pese a que todo parecía negativo, siempre intentaba quedarme con lo positivo, intentaba trabajar en ese punto y me centraba mucho en el siguiente para avanzar, fuese como fuese, pero avanzar.

Lo cierto es que durante toda la recuperación nunca fui consciente de lo que iba consiguiendo, porque a la mínima que veía un avance, mi cabeza ya pensaba en el siguiente, una y otra vez. Eso en el fondo creo que fue una parte muy importante en todo el proceso, el no querer estancarme y el no querer ver la realidad más allá de la que yo seleccionaba para reforzarme y seguir. Creo sinceramente que ayudó mucho en todo el proceso.

En aquel gimnasio no teníamos las típicas cintas de correr, las bicicletas estáticas o las infinitas pesas que hay en todos los gimnasios, sino que trabajábamos con colchonetas, paralelas para caminar, sacos pequeños de arena, y cientos de poleas enganchadas a diferentes pesos dentro de unas jaulas, donde también se encontraban camillas. Sobre estas camillas se hacían diferentes ejercicios mediante las poleas situadas en las jaulas, porque pese a que parezca algo muy rústico y ornamental, era algo muy efectivo, ya que con las poleas y los pesos, se podían entrenar y trabajar muchos ángulos y partes del cuerpo aprovechando el efecto de un péndulo, aprovechando las trazadas que se marcaban para seguir realizando varias repeticiones, pese a que no se tuviera fuerza para mantenerlo, sólo con la oscilación del peso en la polea.

Durante todas esas horas que pasé allí sudaba la gota gorda, pero sabía y tenía grabado en mi mente que ese era el momento, ese era el momento que estábamos esperando, y sabía que con el apoyo de todos, sumado a mis ganas, había muchas más posibilidades de ir avanzando. Así fue como día a día, y poco a poco fui avanzando y mejorando.

Primero fue mi brazo derecho, cada vez lo notaba mejor, tenía mayor movilidad y fuerza, e incluso podía empezar a comer con tenedores y cuchillos normales. Mi brazo izquierdo, aunque más lento, paulatinamente también iba mejorando. Incluso comenzaba a poder incorporarme y erguirme en la cama yo solo.

Además de todos esos trabajos en la sala de terapia ocupacional y rehabilitación, cada tarde después de comer y dormir la siesta pautada, todos los días con ayuda de mis amigos y familiares trabajábamos en detalles, algunos tan simples como pasar las hojas de un libro, a otros más complicados como eran los de desplazarme con la silla de ruedas por la unidad de lesionados medulares. Poco a poco haciendo trabajos, cualquier pequeño detalle ayudaba, cualquier pequeño detalle marcaba grandes diferencias en el día a día.

Recuerdo que la unidad de lesionados medulares era un planta completa dividida en varias zonas y habitaciones, pero toda ella comunicada. Podías dar la vuelta a la unidad por un pasillo que la comunicaba toda, y recuerdo que en el mostrador de la entrada había colgado un reloj, y desde el primer día que pude mover la silla por mí mismo comencé a dar una vuelta entera a la unidad de lesionados medulares, contabilizando el tiempo que me llevaba hacer el recorrido completo. Tengo muy presente el primer día que lo hice, recuerdo que me llevó más de cuarenta minutos hacer toda la vuelta, en ese momento no conocía la distancia, pero lo cierto es que me pareció infinita.

Durante el recorrido fui parando en varias ocasiones y acabé literalmente bañado en mi propio sudor, pero con el paso del tiempo y de los días, iba ganando minutos al cronómetro, y poco a poco y cada vez algo más rápido, conseguí parar el cronómetro en diez minutos. Hay que decir que la planta no era muy grande, pero en ese momento, y sobre todo al principio parecía que estaba cruzando el país.

Durante esas tardes la evolución era muy buena, y la movilidad y la fuerza en el tren superior y las extremidades eran una motivación y un aliciente añadido a querer seguir. El hecho de crear una competición conmigo mismo para superarme ayudaba mucho, y pese a tener varias caídas con la silla, y soportar momentos de mucha frustración, una vez más quería quedarme con lo bueno, con lo positivo y trabajar en ello rumbo al siguiente peldaño.

Según pasaban las semanas mi humor era mejor y mi motivación cada vez mayor, y eso también se notaba en mis amigos y familiares que me transmitían mejores vibraciones. De la seriedad total de un principio se empezó poco a poco a las bromas, a disfrutar de los buenos momentos y alegrías, y todos juntos estábamos avanzando. La rehabilitación se notaba a pasos agigantados y poco a poco, con ayuda de las prótesis y de los auxiliares y terapeutas, me comenzaba a levantar para empezar a trabajar las piernas. Yo aún no tenía conciencia de poder moverlas, y mi sensibilidad distaba mucho de la realidad de dolor o placer ante cualquier estimulación exterior, haciendo muy complicado que supiese como estaban actuando mis piernas. El trabajo en las paralelas y en las poleas era tanto para acostumbrar a mi cuerpo de nuevo a la percepción de profundidad como para poder trabajar los músculos que estaban muy atrofiados y muy poco tonificados debido a la inactividad.

Durante ese tiempo me centré mucho en trabajar mis piernas, sentía que podíamos dar un paso de gigante, y no estaba dispuesto a dejar pasar la oportunidad de esforzarme un poco más cada día con mis fisioterapeutas.

Una clave fundamental en este proceso, y en cualquier momento de nuestras vidas, es que no debemos limitarnos ni acomodarnos a una situación, porque eso sin duda nos frena mucho, y en una situación así, nosotros debemos ser los primeros en poner de nuestro lado y empujarnos a continuar.

Recuerdo que durante muchos días mi fisioterapeuta quiso que me levantase en las paralelas solo, con su ayuda y supervisión, pero solo. Yo tenía muchas ganas de hacerlo, pero siempre decía que no era capaz, que no podía. En muchas ocasiones estaba con ella quince minutos trabajando en las paralelas con su ayuda, y cuando me decía que lo tenía que hacer yo solo, no era capaz, me decía que no era capaz, le insistía una y otra vez que no era capaz. Ahora recuerdo como si fuese ayer el primer día que me levanté solo y me mantuve en las paralelas. Fue una mañana donde tras trabajar un rato como siempre con mi fisioterapeuta, ella se puso detrás de mí, me agarró por el pantalón y me ayudó a levantarme como siempre, hasta que dejó de hacerlo sin decirme nada. Lo cierto es que yo no me di cuenta y seguí realizando el ejercicio tan normal, como tantas otras veces antes. Fue entonces cuando me volvió a decir como en otras ocasiones que me levantase solo, y yo, una vez más, le dije que no, que no era capaz, y ella en ese momento me soltó y me dijo lo que ya había hecho, y yo, tras mucho tiempo limitándome y diciendo que no, lo hice. Por fin me había levantado solo, por fin me sujetaba solo, por fin estaba de nuevo en pie yo solo.

Los sucesivos días y sin aún decirle nada a mi familia, seguí trabajando en las paralelas el equilibrio y la fuerza. Les pedí a mis médicos que no les dijeran nada de esa evolución a mi familia, y que me diesen tiempo para darles una sorpresa en los siguientes días.

En ese momento aún no era capaz de andar, pero ya estaba notando como la sangre corría por mis piernas, ya notaba algunos movimientos, y aunque estaba usando la silla, ya sabíamos que iba a ser inevitable que quedase aparcada y que iba a hacer uso de un andador.

Ese mismo fin de semana, me encontraba en la sala de visitas con varios amigos y familiares, y allí, delante de ellos, y sin que supieran nada, frené la silla de ruedas, les grité que me miraran, y sin esperar a nada más, y sin pensármelo mucho, me levanté de la silla y di dos pasos antes de desplomarme de nuevo en la silla de ruedas. Hoy en día un escalofrío recorre mi cuerpo al recordar la expresión de sus caras, al pensar en ese momento, a volver a vivir sus gritos de alegría y emoción, y es que habíamos dado un paso de gigante, y ya no había vuelta atrás, por muy mal que se diese la evolución, y por muchos baches que encontrásemos en el camino, la realidad era la verdad de lo que se estaba viendo en ese momento.

Ese mismo lunes mi fisioterapeuta, que tenía mucho carácter y que fue una de las personas que más potenció mi recuperación y una de las personas que más me ayudó, me quitó la silla de ruedas y me dio un andador. Recuerdo sus palabras como si fuese ahora mismo: **"si fuiste capaz de hacer lo que hiciste el sábado, bien eres capaz de subir a la unidad andando" "me da igual, aunque te lleve dos horas, pero vas andando".** Dicho y hecho, parando en cada asiento que encontraba, arrastrando los pies y llegando tarde para comer encharcado en mi propio sudor, subí a la unidad de lesionados medulares andando los dos pisos que nos separaban.

En las sucesivas semanas todo fue sucediendo más rápido, las horas que pasaba en terapia ocupacional eran menos, y las que pasaba en rehabilitación muscular eran muchas más, trabajaba las piernas y los brazos a la vez, ganaba tono muscular y también agilidad, comenzaba a extender mi zona de aprendizaje, y salía cada día de mi zona de confort, poco a poco empezaba a ser mucho más autónomo en todos los aspectos, y cada vez quería más.

Una mañana, en rehabilitación, me tocaba trabajar en una cinta para andar que había en la unidad, que se usaba para trabajar la coordinación y la agilidad a bajas velocidades. Cuando me subí a ella, mis pasos eran muy cortos y muy lentos, pero estaba muy motivado y con muchas ganas. Al ver un botón que ponía diez kilómetros, pensando que era la distancia a recorrer, lo pulsé con la idea de caminar lo que pudiera o hasta acabar completando esos diez kilómetros. Pero no era la distancia, sino que era la velocidad por hora, y yo, que de aquellas no caminaba ni a tres por hora, hice lo posible por no caer hasta que vinieron a parar la máquina. No recuerdo cuanto tiempo estuve allí, lo que sé es que nada más pararon la máquina, me desplomé en una colchoneta que tenía al lado. Vino mi fisioterapeuta, y tras abrazarme por verme corriendo, como un pato, pero corriendo, y tirarme de las orejas por hacerlo sin estar ella cerca, me quitó el andador y me dio una muleta, y me dijo nuevamente: **"¿te acuerdas del día que te quité la silla de ruedas? Pues esto es lo mismo, fuera el andador y toma una muleta"**. Y una vez más así fue, mi muleta y yo pusimos rumbo a un nuevo desafío.

Cada vez me encontraba mejor, y lo que en un principio era una fantasía, se estaba convirtiendo en realidad, ya no había vuelta atrás, todo estaba cambiando, y las sucesivas semanas pasaron muy rápido. Ya paseaba por fuera de la unidad, e incluso ya había cruzado las puertas del hospital por una puerta trasera que encontramos para ir a tomar lo que fue mi primer *colacao* con hielo con mis amigos. Aquí comenzó mi adicción a este manjar. Recuerdo que la satisfacción que sentí al tomar esa bebida, y no sé si es el recuerdo de esa motivación o la satisfacción que sentí, que a día de hoy es raro la vez que no lo tome, aunque me miren de manera muy peculiar cada vez que lo pido.

En esa temporada ya era prácticamente autosuficiente, y tras enseñarme como podía sondarme para poder orinar, y como tenía que medicarme y pincharme en cada momento, me dieron mi primer permiso de fin de semana. Por primera vez en mucho tiempo podía ir a mi casa, estar en mi entorno y dormir en mi cama, con muchas ayudas, pero pudiendo ir a mi casa.

Hoy en día en cada reto difícil que se me avecina, en cada piedra en el camino que me aparece, o en cada decisión difícil que tengo que tomar, recuerdo ese primer día que llegue a mi casa, ese primer día que al entrar en casa quitaron todas las alfombras porque no era capaz de levantar el pie para cruzarlas. Recuerdo que pese a ese pequeño resalto, a esa pequeña altura de la alfombra, recuerdo que no era capaz de superarlo, ni mucho menos era capaz de cruzarla.

Siempre digo que aunque a día de hoy haga *Ironman* o cruce el desierto en bicicleta o complete ultra maratones, ya sea en carreras o entrenamientos, en su día, en ese momento, para mí, el cruzar la alfombra era mi *Ironman* particular, para mí era el objetivo, para mí en ese momento era el reto más grande de mi vida.

Por eso, a día de hoy, siempre digo que todos tenemos nuestro *Ironman* particular a la vuelta de la esquina, que todos tenemos ese objetivo por el cual luchar, que todos podemos superar el reto que nos propongamos y seguir, como el hecho de cruzar una alfombra.

Tras superar con éxito varios permisos de fin de semana y pasar varias semanas más trabajando en la unidad de lesionados medulares tanto en terapia ocupacional como en rehabilitación, llegó el momento en el que me dieron la noticia: me daban el alta hospitalaria, podía irme para casa y hacer vida normal. De lunes a viernes todas las mañanas debía acudir de nuevo al hospital, pero esta vez solo a rehabilitación en las horas marcadas por los médicos.

Lo cierto es que mi casa estaba cerca del hospital y podía intentar ir andando, podía ir en bus, o me podían llevar. Fuese como fuese, podía intentar hacer todo aquello que quisiera, todo estaba a mi alcance, ya todo era posible, mi vida comenzaba de nuevo, quedaba mucho trabajo por delante, pero todo se llenaba de nuevo de muchas posibilidades.

El nuevo comienzo

Los comienzos siempre son difíciles en cualquier aspecto de nuestras vidas, pero cuando tienes que empezar un proceso en el que conoces los pasos a seguir pero no puedes llevarlos a cabo es infinitamente más difícil. Siempre requiere un punto más de paciencia y constancia, porque en esos casos la frustración puede ser muy elevada, y no debemos dejar que nos venza.

Sabía que no iba a ser fácil, que quedaba mucho por hacer y que todo requeriría paciencia y tiempo, pero estaba preparado, ilusionado y con más fuerza que nunca.

Durante un tiempo acudí cada mañana a realizar la rehabilitación en el hospital. Mi casa quedaba cerca del hospital, y pese a que hoy en día me lleva unos diez minutos andando o unos dos minutos en bicicleta, por aquel entonces aún me llevaba media hora caminando. Siempre que no llovía iba dando un paseo y volvía en bus. Regresaba en bus porque acababa tan cansado de los ejercicios de rehabilitación, que no tenía fuerzas para regresar andando, y me montaba en el bus pese al gran esfuerzo que me resultaba. Este hecho, que es de lo más normal y cotidiano, me resultaba una aventura por aquel entonces, sortear al entrar la gran altura que tenía el bus no me era nada fácil, y pese a que me sentaba y me aferraba al asiento y a las barras con la poca fuerza que en ese momento tenía, después de cada viaje acababa muy mareado y con un malestar muy grande por todas las vibraciones que sufría el bus. En los años posteriores, y durante mucho tiempo, siempre me tuve que sentar en la parte delantera de los vehículos, e ir en bus o cualquier otro medio de transporte me afectaba mucho y me causaba un trastorno. Hoy en día continúa siendo un gran esfuerzo, pero paso a paso voy resistiendo más y mejor el tiempo de viaje.

Con el paso del tiempo íbamos observando que los resultados estaban siendo mejor que las expectativas que todos habíamos pensado hasta ese momento.

El hecho de estar en mi casa, en mi entorno, favorecía mucho la recuperación, yo me notaba más despejado y alegre, y eso ayudaba mucho más a pasarme determinados momentos realizando acciones que, aunque a día de hoy me lleven segundos, por aquel entonces me llevaban minutos e incluso horas.

Sin duda en esos momentos te das cuenta de la importancia de los detalles, en esos momentos te das cuenta realmente de la importancia que tiene la constancia y el trabajo con el paso del tiempo para conseguir un objetivo, y te das cuenta de la importancia que tiene una pequeña acción para la obtención de un resultado final mucho más grande.

Por aquel entonces yo aún llevaba el collarín, porque debido a la intervención y la reconstrucción de las cervicales, mi cuello no tenía la fortaleza suficiente como para sujetarse sin un refuerzo sin que eso me supusiese tener episodios de vértigo, mareos o migrañas.

A día de hoy tengo suerte de decir que hasta el momento, gracias a un registro de migrañas y vértigos que llevo desde el día del accidente, y que pese a ser una persona de factor de riesgo, puedo decir que he sufrido muy pocas, si que es cierto que tanto las migrañas y los vértigos que sufro, en más de una ocasión me han llevado a realizar una visita a urgencias del hospital por la gravedad de la situación, pero aun así hasta el momento he tenido pocas, y los episodios siempre o casi siempre han coincidido en las temporadas de descanso deportivo que he realizado.

Durante las competiciones y las pruebas que realizo, tanto las migrañas como los vértigos me han respetado bastante, supongo que es por la resistencia física que adquieres al entrenar, y la fortaleza muscular que desarrollas en esos momentos en toda la musculatura del cuerpo, incluido el cuello. Las secuelas de la lesión también han sido menores y más controladas durante estas fases de entrenamiento y competiciones. No obstante, recuerdo que uno de los peores episodios de vértigo que sufrí fue en el *Ironman* de Lanzarote. Tras llevar más de nueve horas de competición, habiendo nadado los tres kilómetros ochocientos metros, y también haber completado el circuito de ciento ochenta kilómetros de bicicleta, comencé a correr la maratón de cuarenta y dos kilómetros. Después de recorrer los primeros cinco kilómetros de esta parte de la carrera, me dio lo que hasta ese momento fue el peor episodio de vértigo que había tenido hasta el momento, y sin duda el hecho de acabar se convirtió en una supervivencia pura, físicamente y psicológicamente. En ese *Ironman* aprendí una lección muy importante, deportiva y de vida.

En una de las frecuentes revisiones a las que acudía con mis médicos de la unidad de lesionados medulares me dieron una noticia que no imaginaba, una noticia que llevaba tiempo esperando y tenía ilusión en escuchar, pero que también me infundía mucho miedo y respeto, y es que en una de las revisiones, tras realizarme una exploración y un examen médico, decidieron que por la trayectoria que llevaba de evolución de la lesión, era hora de quitarme el collarín.

Tengo en mi mente muy viva la sensación que noté al cruzar la puerta del hospital cuando volvía para casa sin el collarín. De repente todo parecía estar mucho más lejos o cerca de lo normal, de repente todo parecía más borroso y nítido a la vez, de repente todas sensaciones y acciones que mi cabeza sentía y mandaba eran como un bombardeo incesante de sentimientos y emociones que no podía describir.

Recuerdo la brisa del aire acariciando mi cuello, el tacto de la camiseta que llevaba puesta en ese momento en mi cicatriz, en la cicatriz que cruza mi cuello de arriba a abajo. Cicatriz que a día de hoy luzco con orgullo y satisfacción, la cicatriz que señala por donde me intervinieron, por donde realizaron la magia.

Esa misma cicatriz que cada mañana en el espejo me recuerda lo maravillosa que es la vida, y de lo que somos capaces si queremos y nos esforzamos, y que a la vez me recuerda lo corta, dura y cruel que puede ser una vida que no se aprovecha.

Sin duda, mi cicatriz me hace sentir más vivo que nunca. Consigue recordarme que, si quiero algo, debo pelear por ello en todo momento hasta el final con todas mis fuerzas.

Tras ese momento fueron pasando los días de manera muy rutinaria. Continué con las mismas pautas de rehabilitación, tanto en el hospital como en casa, hasta que llegó la siguiente gran noticia, tan esperada: me daban el alta médica y ya todo dependía de mí. Mentiría si no dijese que en ese momento tenía sentimientos encontrados. Quería tener el alta, pero quería seguir estando supervisado por mis médicos en la unidad. Era una situación confusa, pero era el momento, mis médicos veían y sabían que estaba capacitado para trabajar por mí mismo, confiaban en mí, y yo tenía que creerlo, tenía que querer, era mi momento, era el momento de echar a volar y seguir.

Sus indicaciones eran claras, tenía que seguir por mi cuenta realizando rehabilitación, y debía mantenerme activo siempre que me fuese posible, para así mantener a raya las secuelas de la lesión. En ese momento, pese a que mi estado aparentemente era bueno, los médicos ya pronosticaban que mi evolución con el paso de los años vendría muy condicionada por las secuelas, sobre todo por mi lado izquierdo, el que más afectado se vio en todo el proceso de la recuperación, y el que menos evolucionó hasta el momento del alta total. Y así fue, no se equivocaban, con el paso de los años todo lo que he hecho ha venido muy marcado por mi recuperación, y por las ganas de superar mis secuelas.

Con el paso de los años siempre que me he mantenido activado y entrenando, siempre me he sentido bien, fuerte y los dolores habitualmente han sido algo secundario y que he podido controlar mucho, pero también es cierto que en las épocas de descanso deportivo, o de menos trabajo y carga muscular, siempre, en todos los casos y sin excepción, siempre tuve muchos dolores y mucho más fuertes, y siempre en todos los casos mi lado izquierdo se ha visto más afectado y más mermado. Por ello siempre que puedo realizo deporte, porque me mantiene activo, alerta, bien y con mejor salud.

A día de hoy, debo de estar muy pendiente y concentrado en mi lado izquierdo, sobre todo en mi mano, pendiente de que no se me cierre. Lo cierto es que no es algo que me resulte complicado, porque ya no lo pienso, es algo cotidiano, algo normal como pestañear o respirar, pero aún hay momentos en los que si tengo mucho frío o estoy muy nervioso, y no consigo estar lo suficientemente concentrado para controlarla, la mano se va cerrando sola sin que pueda evitarlo. Por ello, en esas situaciones intento tenerla activada, ocupada con algo. Para ello, suelo portar la cámara, o gesticulo mucho cuando hago una presentación o una ponencia.

Durante las épocas de menos actividad, mi sensibilidad al frío y al calor ha variado mucho. Mi fuerza en el lado izquierdo siempre ha disminuido proporcionalmente al tiempo que no ejercitaba esos músculos. Todo el brazo, empezando por la mano, tiende a contraerse sobre sí mismo, realizando lo que se denomina coloquialmente "mano de garra", que quiere decir que los dedos de la mano se cierran y se ponen como la garra de un animal, plegándose todo el brazo sobre sí mismo.

A día de hoy aún me sigue pasando, sobre todo cuando realizo determinados ejercicios, como flexiones o dominadas, o como, por ejemplo, cuando sufro cambios de temperatura bruscos, como nadar en el mar o en la piscina. Incluso a la hora de correr también se me resiente, la mano y el brazo se me cierran solos sin que pueda hacer nada para evitarlo, pero pese a todo sigo, porque en su día descubrí que siguiendo y sufriendo en estos momentos que yo mismo decidía estar ahí, mejoraba mucho, y me compensaba el resto del tiempo. Por eso hoy en día sé, que si algo me gusta, aunque haya momentos determinados en los que no me apetece hacerlo, lo intento y lo hago igual, porque conseguiré cruzar esa frontera de no querer realizarlo, y volveré a disfrutar de lo que hago, de la manera que lo hago y porque yo quiero hacerlo.

Era el momento, ya no había vuelta atrás, me habían dado el alta, mi vida volvía a ser normal y era hora de volar solo. Era mi momento, el momento de demostrarme lo que valía la pena.

No sabía por donde empezar, porque aunque no quisiera, todo había cambiado, todo mi entorno había cambiado, yo mismo había cambiado. Mientras yo estaba postrado en una cama, la vida había seguido su transcurso natural sin mí, la vida había seguido su curso sin apreciar ni notar mi ausencia, y en ese momento yo tenía que volver a subirme al tren, pero no sabía ni como, ni donde, ni por qué… Cuando no sabes cómo dar el primer paso, ¿por dónde empiezas?

Acababa de cumplir los dieciocho años, había faltado a la convocatoria de los exámenes de recuperación de septiembre que tenía que hacer y el nuevo ciclo escolar ya había empezado, y aunque hasta ese momento no me gustaba nada estudiar ¿qué debía hacer? ¿Debía hacer como si no hubiese sucedido nada? ¿Debía seguir lo que socialmente es lo correcto, normal y lo que desde pequeño nos inculcan? ¿Debía buscar mi nuevo camino, mi nuevo futuro? ¿Qué debía hacer? Muchas preguntas surgían y bombardeaban mi cabeza, y yo no tenía respuesta para ninguna.

Recuerdo que una de las primeras cosas que finalmente hice fue realizar de forma extraordinaria los exámenes de recuperación. Mis profesores, haciendo un gran esfuerzo colectivo, me realizaron los exámenes. Por aquel entonces no podía apenas escribir, sabía cómo hacerlo, quería hacerlo, pero mi mano no respondía como mi cabeza quería, y no era capaz de escribir ni medianamente bien. Razón de peso que sin duda complicó que pudiera hacer los exámenes, pero gracias a la comprensión de mis profesores, y a las facilidades que me dieron, pude realizar las pruebas y finalmente graduarme.

El siguiente curso académico ya llevaba unos meses empezado, por tanto, sólo me quedaba esperar casi un año entero para poder volver a matricularme y seguir estudiando. Tenía un año por delante para informarme, leer, aprender y compartir buenos y maravillosos momentos con mi gente. Un año lleno de muchas horas libres y días largos donde hacer lo que quisiera no era un impedimento.

Pero lo cierto es que no recuerdo muy bien ese siguiente año, porque ni me informe, ni leí, ni aprendí nada de nada, recuerdo que sólo compartí momentos con mis amigos y mi familia, recuerdo que dormía mucho, salía de fiesta sin parar hasta por la mañana, y como ni bebía ni fumaba, como aún sigo haciendo a día de hoy, aguantaba horas y horas despierto y activo, consciente y capacitado para seguir toda la noche sin parar. Además, durante parte del día me pasaba viendo películas y series y todo lo que encontraba en Internet o ponían en la televisión que me entretuviese y no me hiciese pensar en todo lo que había sucedido.

Y es que a todo se acostumbra uno, ya sea a no dormir mucho y estar todo el día activo sin parar de un lado para el otro, como a dormir todo el día y no hacer nada. A todo se acostumbra el cuerpo y la persona, ya sea positivo o negativo, como yo estaba descubriendo en estos momentos.

Algo que sí hice fue sacarme el carnet de conducir. Como era algo que realmente me interesaba, lo hice en muy poco tiempo y aprobando todo a la primera, y prácticamente sin realizar prácticas. Así fue como día tras día, desde que aprobé, conduje mi coche, sin tener un destino ni un camino. Solo conducía y conducía horas y horas sin parar.

Lo cierto es que fue una época muy confusa, una época donde no hacía deporte, no estudiaba, y no hacía nada que valga la pena recordar, porque la verdad es que apenas recuerdo esa época, solo quería vivir la vida como a mí en ese momento me apetecía, haciendo lo que me apeteciera, cuando me apeteciera y donde me apeteciera. Por aquel entonces la comida era mi adicción y mi devoción, y comía todo lo malo que se puede imaginar uno, en cantidades exageradas y a horas intempestivas. Sin control ninguno, solo porque me apetecía hacerlo, pese a que no era bueno para mi salud. Tampoco quería ser consciente de ello, ya que pensaba que la vida se podía acabar en cualquier instante. Pero nunca, ni entonces ni ahora, fumé, y tras el accidente y ver todo lo que vi en la unidad de lesionados medulares relacionado con accidentes de tráfico y alcohol, decidí que tampoco bebería alcohol nunca, pese a que antes sí brindaba en fiestas o fin de año. Tras descubrir muchas vidas cambiadas por un revés del destino debido al alcohol, decidí que ni en fin de año, ni en fiestas brindaría. A día de hoy sigo manteniendo esa decisión, y continúo sin probar ni una gota de alcohol.

Durante casi todo ese año no le veía el sentido a nada. Pese a salir de una situación tan dramática y con un final feliz aparentemente tan bueno, no veía nada claro, todo los pilares en los que creía, y en los que desde pequeño se me habían inculcado, ya no tenían sentido. **Porque ¿qué sentido tenía hacer algo que no me gustase o apasionase? ¿Qué razón había para seguir el sentido natural de la vida, de estudiar, formarse, buscar trabajo y trabajar toda la vida en algo que no querías? Y sobre todo ¿qué sentido tenía hacer cualquier cosa más allá del presente, si no sabías si habría un mañana, sin la certeza que en otro segundo de tu vida, todo podía volver a cambiar de nuevo?**

Esa época de mi vida fue bastante oscura, recuerdo ese año sabático muy pesimista y realista a la vez. Vivía el día a día sin sentido ninguno, pero exprimido cada momento de la manera que quería, intentando ser feliz en lo que hacía en cada momento, y sin pensar en que habría algo más después, algo más de lo que estaba pasando en ese momento.

Los recuerdos son vagos, y a día de hoy no saco ninguna conclusión que me pueda aportar algo positivo de toda esa época. Analizándolo fríamente y a una distancia temporal ya considerable, creo que fue una época que me tocó vivir porque necesitaba vivirla, porque algo dentro de mí aspiraba a conseguir día a día, porque yo mismo había tomado la decisión de que fuese así, y nadie me lo imponía ni me lo prohibía.

Creo que en el fondo, durante todo ese tiempo no quería enfrentarme a todo lo que había pasado, y pese a estar prácticamente recuperado y aparentemente bien físicamente, mi cabeza no estaba bien y quería aferrarse a la idea de que todo era como antes y que todo seguía igual. Pero, en el fondo, yo mismo sabía que no era cierto, muy en el fondo de mi ser, sabía que todo había cambiado radicalmente y para siempre, pero no quería verlo, porque ser consciente de ello me haría tener que enfrentarme a todo lo que me daba miedo, y en ese momento no estaba preparado para salir victorioso de esa batalla.

Fue una época transitoria que, pese a todo, no supuso nada más que una pérdida de mi propio tiempo, pero nada más, y sin duda fue una época que a día de hoy me ha hecho valorar más las situaciones, ha hecho que recuerde y valore mucho el día a día como por aquel entonces, pero que también piense en el futuro a corto y largo plazo.

El año fue pasando, y a día de hoy no se cuanto tiempo hubiese durado si no hubiera pasado uno de los hechos más importantes de mi vida, y es que una persona muy especial para mí, se volvía a cruzar en mi vida. Ese hecho hizo que en ese momento mi vida se volviese a encauzar, sin saber aún la dirección que iba a tomar, pero con la certeza de que ya estaba en el camino de nuevo.

Y es que desde siempre he pensado que estamos predestinados a conseguir una serie de objetivos en nuestras vidas, pero que somos nosotros los que marcamos el camino para llegar a esos objetivos, y que tarde o temprano, de una manera u otra, porque nosotros lo decidimos o porque la vida nos lo impone, llegamos a ese objetivo que nos toca vivir.

Hoy en día sigo teniendo esa creencia. La única diferencia con esa época es que intento tomar mis propias decisiones en el momento que veo que puede ser mejor, estando en mi zona de confort, a salvo en mis conocimientos, con la seguridad que me transmiten mis recursos, con las rutinas diarias, ya sean buenas o malas, pero conocidas, para enfrentarme a mis miedos. Para enfrentarme a esa zona de pánico, para enfrentarme a todas esas emociones confusas que me bombardean y me dicen que vuelva a mi anterior zona. Para superar las opiniones de las demás personas que me dicen que no podré hacerlo, que no podré conseguirlo, y sobreponerme a las influencias y creencias de la gente tóxica que me rodea. Para así extender mi zona de aprendizaje con los medios que tengo a mi alcance como si fuese un reto, un desafío para avanzar y alcanzar la zona mágica, esa zona que algunos, por miedo a salir de su zona de confort, llaman la zona de pánico, pero que es la zona que te puede llevar a descubrir hechos y momentos únicos e irrepetibles en la vida.

Por eso, para seguir avanzando hay que tener claros nuestros miedos, nuestros prejuicios y nuestra fuerza y resistencia para afrontar la vida día a día. Hay que reconocer y gestionar los miedos para poder enfrentarnos a ellos de la mejor manera posible, para que estos miedos no nos frenen en hacer lo que queramos, aunque parezca descabellado, y poder así salir victoriosos de esa batalla. Los prejuicios hay que cambiarlos por acciones, para así no dejarnos llevar por los "ya lo haré...", "otro día podré...", "y si no funciona esto...", "y si no puedo...", "y si no lo consigo.....", por acciones directas que te marquen los primeros pasos del camino al objetivo que quieres conseguir. Por eso para seguir avanzando hay que conocer nuestra fuerza, conocer nuestra propia resistencia y arriesgar, porque cualquier sueño se puede perseguir si se tiene paciencia para alcanzarlo.

La clave es creer en uno mismo, volver cuantas veces sean necesarias a nuestra zona de confort para no olvidar lo aprendido, y motivarnos así constantemente construyendo un nuevo futuro que nos guste, en nuestra zona mágica, esa zona donde los sueños se hacen realidad, esa zona donde los imposibles solo tardan un poco más.

Por eso yo intento no esperar a que la vida me haga vivir esa situación que sé que tarde o temprano me tocará vivir, porque si llega ese momento, lo más seguro es que no esté preparado, probablemente si llega esa situación tampoco tenga los conocimientos o las herramientas para llevarlo a cabo de una manera que no me suponga un trastorno.

Por ejemplo, podemos decidir sacarnos el carnet de conducir y practicar, ya que el día de mañana lo podemos necesitar para ir a trabajar, por ocio o por una emergencia, cuando está en nuestra mano y tenemos tiempo, y no esperar a que tengamos un trabajo fuera de casa o una necesidad del uso del coche, para ponerse a sacar el carnet y practicar a toda prisa y presionados por ese hecho, porque eso nos hará salir de nuestra zona de confort forzosamente, eso nos hará no estar preparados ni tener las herramientas o conocimientos, y eso nos puede llevar a un trastorno o trauma cada vez que se quiera usar el coche, haciendo que finalmente no estemos preparados, y convirtiendo nuestra zona mágica, en una zona de pánico y miedos.

Ese hecho, esa persona, me hizo volver a creer que podía haber un futuro más allá del día a día, ella me dio una estabilidad de ideas y emociones que hasta ese momento tenía olvidadas, y por las que veía que valía la pena luchar. Esa persona puso luz a mi oscuridad, y fue entonces cuando volví a tener interés por las cosas que me gustaban y quería, y no solo por algo intrínseco y que a la larga no me aportaba nada.

Durante los siguientes meses nuestra relación se fue estrechando más, y yo comenzaba a ver los colores de nuevo en la vida, volvía a sentir. Pese a que hoy en día me falte mucho por desarrollar y transmitir en cuanto a sentimientos se refiere, en esa época era totalmente frío, parecía una máquina, y todo había sido debido al accidente, que me había cambiado de una manera muy radical, muy de raíz. Ella estaba consiguiendo que mi corazón volviese a sentir y latir, estaba consiguiendo que mi vida volviese a tener una razón y con ello volvía a sentirme vivo.

La recuperación física estaba siendo mucho más lenta, y que yo durante todo ese año no estuviera realizando los ejercicios, no había ayudado a que estuviera mejor, pero ahora, en ese momento, por lo menos ya me sentía con ganas. En ese momento ya rondaba los cien kilos, y es que toda esa depresión y ansiedad la volcaba comiendo y comiendo todo el día, en todo momento tomaba algo de comida, o bebía algo que tuviera azúcar, sin parar, sin poder controlarme, y sintiéndome culpable al acabar de hacerlo. Culpabilidad que me desaparecía al volver a comer, y regresaba al acabar. Era un círculo, una espiral constante de negatividad conmigo mismo, y por consiguiente con todo mi entorno cada vez que hablaban de mi físico o de la comida y bebida que ingería en cada momento.

Poco a poco estaba consiguiendo una estabilidad de nuevo, poco a poco iba sintiendo como tenía de nuevo preocupaciones y ganas de emprender acciones que no tuviesen un resultado inmediato en el día a día, sino que sirvieran como un puente a objetivos futuros.

A comienzos de ese verano me apunte a un ciclo formativo que comencé unos meses después, cuando el ciclo escolar comenzaba de nuevo. A la vez retomé el hábito de la lectura, comencé a dormir y comer cuando debía y no solo cuando quería y me apetecía, y empecé a realizar unas rutinas que me ayudaran a tener una estabilidad y control en el día a día, tanto en la comida como en el resto de los aspecto que conformaban mi vida en ese momento. Además, retomé también mis ejercicios de rehabilitación y recuperación.

Sabía que comenzaba una nueva fase, una fase en la que debía vencer la depresión y la ansiedad, y para ello lo primero que debía hacer era reconocerlo y querer cambiar y mejorar, y aunque no era fácil, debía hacerlo, porque si yo no daba el primer paso, no se podía hacer nada. En mi mano estaba poder comenzar a construir una base sólida para poder posicionarme para la batalla, para algún día poder vencer.

Lo segundo que debía hacer era dejarme ayudar por la gente que en ese momento me estaba ofreciendo su ayuda y así juntos avanzar por este camino, cambiando el modo en el que veía las cosas, para que las cosas que veía cambiasen también. Porque la vida no es todo negatividad y adversidades, en muchas ocasiones, nuestra propia percepción nos hace creer que nuestra vida está llena de terribles desgracias, que ni siquiera han sucedido, y en ese momento es cuando eres consciente de eso, y ves y comprendes el poder que nuestra propia mente tiene sobre nosotros, y entiendes que se puede cambiar, comprendes que está en nuestra mano evolucionar, que nosotros mismos podemos usar toda esa fuerza en algo positivo, convirtiendo la mentira que creemos en la verdad que es y que todos ven, y la verdad en la que confiamos firmemente, en la mentira que es.

Durante los dos siguientes años seguí formándome y trabajando, aún no podía realizar deporte, pero me mantenía activo y proseguía con mi vida de manera normal, como si nunca hubiese pasado nada, como si el tiempo realmente se hubiese parado minutos antes de esa noche del accidente, y volviese a ponerse en marcha en este punto. Como si todo hubiese sido una pesadilla redactada por un escritor, y en este momento me estuviese despertando.

Ni mis amigos, ni mi familia, recordaban o querían recordar ya nada de lo sucedido, e incluso yo mismo, por momentos, no recordaba todo lo acontecido, todo lo sufrido y todo lo superado. Por momentos solo tenía vagos recuerdos de momentos determinados de esa pesadilla.

No recuerdo si fue una manera de normalizar y enmascarar todo a modo de defensa, o si realmente creíamos que no había pasado nada, pero lo cierto es que había pasado, y eso me había cambiado de una manera irremediable y para siempre. Años después de este momento en el proceso, me daría cuenta, y todos a mi alrededor lo estarían viendo.

El tiempo transcurría, fui pasando por diferentes trabajos temporales, hasta llegar a uno donde me contrataron de manera indefinida. Gracias a ello, durante ese tiempo estuve ahorrando lo que mis gastos me permitían para poder, de manera simbólica, hacerle una serie de regalos a mi abuela.

Otro verano había llegado, estaba a punto de cumplir los veintiún años y tenía trabajo, mi vida estaba encauzada, y yo parecía salir de ese caos y confusión en el que me había movido durante casi esos dos últimos años. Ya no tenía demasiadas preocupaciones, volvía a disfrutar del día a día pensando también en el futuro, y pese a todo lo vivido, yo mismo veía que podía haber una salida.

Era hora de cuidarme un poco más. Con ciento quince kilos y tras llevar un tiempo controlando mi alimentación, decidí volver a realizar deporte, de una manera suave y progresiva. Volvía a querer moverme y sentirme bien conmigo mismo, estaba muy abandonado, no tenía fuerza, ni tampoco tenía agilidad, y mi confianza en mí mismo era nula.

Tampoco tenía una motivación que me ayudara para ir cada día a realizar deporte, en esos momentos dudaba de que yo pudiera conseguir realizar algún tipo de deporte, y ni tan siquiera sabía si mi peso y las secuelas de la lesión me iban a permitir hacer algún tipo de ejercicio. Pero un buen día, y sin pensarlo mucho, me cambié, me puse las zapatillas y salí a correr, y así fue como con más miedo que confianza, y con más dudas que seguro de mí mismo, salí a realizar mis primeros metros, comenzaba así una nueva fase en mi vida.

Descubriendo el deporte

Comenzaba una nueva etapa en mi vida que marcaría un antes y un después en los siguientes años. El deporte aparecía en mi vida como una vía de escape, como un pilar en el que aferrarme y subir, y con el paso del tiempo iría descubriendo que sería la mejor medicina para todos mis males y dolores.

Recuerdo ese primer día que me vestí y me calcé las zapatillas para salir a correr, recuerdo que fue un desastre. Quería correr unos pocos kilómetros, y no fui capaz de correr más que unos metros. Me faltaba la respiración, estaba sin fuerzas, notaba puntos por todos lados de mi corazón, y no paraba de quejarme, que si no podía, que si eso era mucho para mí, que si me dolía todo, que si quería parar… muchas ideas negativas rondaban mi cabeza, y con más pena que gloria, volví a casa con esos pocos metros recorridos.

Era duro, ya antes del accidente no realizaba mucho deporte, pero por lo menos mi estado era saludable y podía realizar pequeñas acciones sin que me supusieran un esfuerzo descomunal, pero en este instante me di cuenta de que mi estado en este momento era penoso, ya no solo porque sobrepasaba mucho de mi peso ideal y saludable, sino porque no era capaz de realizar ningún esfuerzo físico sin que eso me supusiese un sacrificio extraordinario. No podía ser así, había que ponerse las pilas, por salud tenía que intentar realizar ejercicio y mejorar, mi cuerpo lo necesitaba y mi cabeza lo pedía a gritos.

Una de las primeras acciones que emprendí fue la de realizar una dieta y estructuración de comida. Hasta este momento, como he apuntado varias veces anteriormente, mis hábitos a la hora de comer no eran nada buenos, comía en cualquier momento cantidades ingentes de alimentos, prácticamente todo era bollería industrial y gominolas, todo ello mezclado con muchas bebidas azucaradas. Sin duda el peor hábito que tenía era que cenaba mucho, al mediodía la cantidad era algo menor y solía desayunar muy mal o nada. Por eso realicé una estructuración de comida y una dieta.

Esta estructuración se basaba en realizar un desayuno bueno y saludable, una comida menos copiosa, y por último una cena muy ligera, controlando las cantidades y alimentos que tomaba en cada momento mediante una dieta pautada de alimentos indispensables y otros prohibidos. Durante este tiempo tuve que trabajar mucho en diferentes pautas de comportamientos y rutinas que me ayudasen, para conseguir realizar constantemente una alimentación adecuada, pero a los pocos meses, la dieta paso a un segundo plano, ya que con la estructuración de comida y un buen control en las cantidades, estaba mejorando mucho y muy progresivamente, con lo que la dieta estricta no era necesaria.

Otra de las acciones que realicé fue la de volver al gimnasio y trabajar poco a poco todo de nuevo. Con la ayuda y compañía de mis amigos retomé el badminton y el fútbol, recuerdo que ellos tuvieron que armarse de mucha paciencia, y pasaron muchas horas hasta que yo comencé a volver a ser un rival para ellos en la pista durante un partido.

Cuando comencé a realizar deporte no tenía, ni mucho menos, un cuerpo escultural, ni tampoco tenía fuerza para mantener un nivel de esfuerzo constante, y mi resistencia era totalmente nula, era incapaz de aguantar más de veinte minutos seguidos haciendo ejercicio, y me faltaba agilidad y coordinación para poder llevar a cabo los ejercicios sin parar para pensar de que manera lo tenía que hacer.

Nunca fui una persona con un talento extraordinario, por eso tenía y debía trabajar en mis habilidades, que pese a que tampoco eran mi fuerte, si era lo que mejor se me daba, por eso, si quería estar bien y sano, era lo que tocaba, tocaba estar horas y horas trabajando una y otra vez en lo mismo hasta que saliese, y una vez que estaba saliendo, volver a repetirlo una y otra vez, cada vez más rápido y mejor, más fuerte y más ágil.

Sin duda fueron unos momentos muy duros psicológicamente, tanto en el vestuario a la hora de prepararme para el ejercicio y posteriormente ducharme al acabar, como dentro de la pista a la hora de llevar a cabo el deporte que fuese.

En los vestuarios no me encontraba ni bien ni cómodo, me sentía mal conmigo mismo debido a mi peso, y el compararme con todo lo que veía allí no me ayudaba a no pensar en todos mis complejos. Al final los comentarios de la gente sobre mi peso no hacían ni la mitad de mella en mí como lo hacían mis propias ideas al compararme, al querer desear un cuerpo idílico, como el que ellos tenían.

Dentro de la pista tampoco era fácil, me frustraba el querer y no poder, que a la vez se mezclaba con sentimientos de poder y no querer durante el tiempo en el que intentaba hacer deporte.

Cuando tu cabeza sabe hacer algo y tu cuerpo no lo recuerda, es tan frustrante como cuando tu cuerpo si sabe hacer algo pero tu cabeza no quiere hacerlo y te paraliza.

Recuerdo que durante esa época sentía una continua mezcla entre ilusión y frustración, recuerdo que disfrutaba por verme de nuevo en esa situación y por imaginarme de nuevo dando guerra a mis compañeros en la pista de juego, pero también me enfadaba constantemente conmigo mismo por perder todos los partidos, por no conseguir aplicar lo que mi cabeza sabía y recordaba que ya había hecho antes, y la frustración que vivía ante los fallos que tenía al no conseguir que mi cuerpo realizara lo que mi mente le mandaba. Fueron momentos duros y de mucho trabajo, pero sobre todo fueron momentos de mucha paciencia, paciencia tanto por mi parte como por parte de todos mis amigos que me ayudaron en ese momento. Sin ellos ese momento no hubiese sido lo mismo.

Poco a poco el tiempo continuaba pasando, y el accidente se veía tan lejos y a la vez tan cerca que era confuso. Yo seguía trabajando, y excepto en momentos puntuales a la hora de realizar alguna acción determinada donde las secuelas del accidente me impedían realizar dicho trabajo, el resto del tiempo no se hablaba, ni tan siquiera se recordaba, todo lo sucedido aquella noche, porque no se apreciaba, porque no se quería recordar.

Día a día iba a trabajar y a entrenar, pasados ya varios meses y gracias a las rutinas deportivas y de alimentación, comencé a bajar de peso poco a poco, situándome en unos noventa kilos. Yo mismo me notaba mejor, me sentía mejor, ya no comía de la manera que lo hacía, ni tampoco me costaba abstenerme de determinados alimentos que no me hacían ningún favor al comerlos, y la necesidad de ir a entrenar cada día se convirtió en una rutina que formaba parte de mi día a día, ya era una necesidad que mi cabeza le pedía a mi cuerpo en cada momento.

A pesar de que con el paso del tiempo parecía que iba olvidando todo el proceso del accidente como si no hubiese pasado nada, en mi interior había un recuerdo muy marcado, un recuerdo que a pesar de que no exteriorizarlo, o no mostrar aparente preocupación por ello, estaba ahí, y es que el accidente había hecho que tuviese una conducta mucho más precavida, con mucho más respeto a todo. Por ello, cuando hacía algo siempre estaba atento a cualquier posible alteración o cambio de la situación, sin comprender que, en muchas circunstancias, por muy pautadas y estipuladas que yo tuviera las cosas, siempre hay factores externos que pueden condicionar todos los planes que uno tenga. Llegado el momento te tienes que adaptar y afrontar lo que viene para poder seguir avanzando sin hundirte en un agujero.

Esto último no lo llegue a comprender realmente hasta que un día, de camino al trabajo en mi coche, en otra rutinaria jornada laboral, un coche que se había saltado un semáforo en rojo y una mediana pintada en el suelo, cruzó tres carriles, y sin verme impactó por el lado derecho de mi coche, haciendo que sufriese un impacto lateral muy fuerte. En ese momento y cuando abrí los ojos lo primero que pensé fue ¿otra vez a mí?, ¿por qué yo?**, ¿qué más me puede pasar?** En esos primeros momentos mi preocupación era evidente, no hacía tantos años había sufrido mi anterior accidente, y la operación cervical y medular estaban aún en su proceso de rehabilitación. Todo estaba muy reciente pese al tiempo que había pasado. En ese momento la vida me ponía otra piedra en el camino, cuando comenzaba a sacar la cabeza a flote, un revés desafortunado del destino me mandaba de nuevo al fondo.

Todo volvía a cambiar una vez más. Tras mi visita a urgencias y el posterior diagnóstico, las pautas eran claras: durante los siguientes meses no podría trabajar ni realizar deporte, y debido al impacto tendría que reposar y realizar rehabilitación de nuevo. El impacto había sido grande, y pese a que nada había afectado directamente a la zona medular, como un paciente con factor de alto riesgo, debía de prevenir y reposar hasta que no hubiese peligro.

Al principio me lo tomé con gracia y simpatía, pensaba que podría descansar y tener más tiempo para mí, que podían ser como unas vacaciones laborales, pero a los pocos días ya estaba nervioso e intranquilo, no quería verme de nuevo quieto, y quería salir de nuevo al mundo. Al cabo del mes no podía parar de pensar una y otra vez porque me había pasado a mí de nuevo, y poco a poco fui entrando de nuevo en una espiral negativa de dudas y preguntas.

Durante el tiempo marcado realicé la rehabilitación tal y como me habían dicho, hasta que llegó el momento en el que me dieron el alta de nuevo. Después de corroborar que todo estaba bien y que no había riesgo, me daban el alta. Recuerdo que tras recibir la noticia, llamé a un amigo para que me acercase a mi trabajo a entregar el parte de alta laboral para así poder reincorporarme a trabajar cuanto antes, que era de lo que más ganas tenía. En ese momento aún no podía conducir por la falta de percepción de profundidad.

De camino a la empresa donde trabajaba a entregar el parte de alta, sucedió lo impensable. Parados en un stop, a unos pocos kilómetros de las oficinas hacia donde nos dirigíamos, un coche nos embistió por detrás… Recuerdo el fuerte impacto por detrás y como mi cabeza y mi cuello se desplazaron hacia delante y hacia atrás rápidamente. Ya no quería abrir los ojos, me dolía la cabeza y me sentía mareado, pensaba por qué estaba sucediendo eso, que había hecho yo para merecer esa situación una vez más. Una y otra vez, frustrado, le gritaba a mi amigo **"¡¿por qué?!", "¡¿por qué yo de nuevo?!".**

Esa tarde volvimos a visitar el hospital y la unidad de lesionados medulares, porque debido a todos mis antecedentes y a ser un paciente de alto riesgo siempre que se refiere a lesiones o incidentes con mi zona medular y cervical, me tienen que auscultar profunda y detalladamente para observar que no haya pasado nada.

Esta vez tocaba reposar algo más de tiempo, ya que debido al impacto sufría un leve esguince cervical, y no podría trabajar ni entrenar. Tocaba de nuevo parar sin ni tan siquiera haber comenzado a trabajar ni entrenar.

Los siguientes meses fueron anímicamente mucho más duros que los del anterior accidente de tráfico. Volvía a estar parado, no podía entrenar, no podía trabajar, y prácticamente no podía hacer nada erguido o sentado durante varias horas, porque me acababa mareando y hacía que sufriese episodios de vértigos.

Durante todo este tiempo no dejaba de pensar en la promesa que me hice. Mi compromiso hacia esa promesa hizo que me mantuviese cuerdo esperando el momento de poder volver a trabajar y entrenar, porque desde la noche del accidente me había prometido a mí mismo que si estaba en mi mano evitarlo, no quería volver a verme parado, no quería verme postrado en una cama o en una silla de nuevo.

Pasados unos días, comencé a hacerme muchas preguntas. Para algunas tenía respuesta, pero había otras preguntas a las que no encontraba respuesta. ¿Por qué me había pasado a mí de nuevo? ¿Por qué me encontraba en una situación similar por tercera vez? **¿De qué tenía que darme cuenta? ¿Qué debía hacer que no estuviera haciendo ya?** Preguntas que hasta años después no supe responder, pero que a día de hoy tengo muy claras las respuestas, que hacen que siga día a día trabajando y entrenando.

Con el paso del tiempo, el reposo y los ejercicios de rehabilitación, llegó el momento en que me dieron el alta de nuevo. Una vez más podía volver a trabajar y entrenar, y estaba preparado y con más ganas de nunca de empezar otra vez tanto en mi trabajo como con mis entrenamientos, llevaba muchos meses parado, y quería salir y comerme el mundo.

De nuevo en verano comencé a trabajar con mucha ilusión. Me sentía útil otra vez, y tenía ganas de esforzarme al máximo. Retomé el gimnasio, y fue allí cuando un día por una casualidad del destino, me cruce con un antiguo compañero de instituto que hacía años que no veía. Mantuvimos una larga charla y me comentó que estaba practicando remo. Tras esa conversación me surgieron muchas preguntas ¿Remo? ¿Qué era el remo? ¿Podía ayudarme el remo a trabajar mis secuelas? No recuerdo muy bien por qué, pero al día siguiente fui al club de remo donde estaba mi compañero y vi en que consistía y lo cierto es que no se si fue por el mar, por el sol, por la libertad de surcar las olas con solo la fuerza de empuje de uno mismo, o simplemente por ver el resultado del entrenamiento en los remeros que estaban allí en ese momento, pero decidí apuntarme y empezar a entrenar con el equipo ese mismo día.

Al poco tiempo pude ver en mí como comenzaba a notar los resultados de los entrenamientos, tanto en mi resistencia como en mi fuerza, y sobre todo en mi coordinación y control de mi lado izquierdo. Durante los años anteriores el badminton y el tenis me habían fortalecido mucho el lado derecho, yo soy diestro, y practicar dichos deportes agarrando la raqueta con la mano derecha me había fortalecido mucho ese lado. Ahora, en remo, estaba notando como mi lado izquierdo comenzaba a ser útil también, comenzaba a sentir sensaciones en mis músculos que hasta entonces no había experimentado, y una gran motivación florecía en mi como nunca antes hasta ese momento.

Como estábamos en verano, el equipo ya estaba remando y compitiendo, y mientras tanto, otros principiantes y yo, nos entrenábamos día a día en tierra sin el equipo, para así poder llegar a la siguiente temporada preparados con los demás remeros. Entendí esa fase como de transición y preparación para el siguiente ciclo, donde pasé muchas horas entrenando solo, mañana y tarde, todo el tiempo que podía y tenía, para poder estar preparado cuando llegase el momento.

Fueron pasando los meses de verano y mi condición física mejoró, había conseguido bajar a los ochenta kilos. Seguía con paciencia y envidia sana entrenando en tierra cada día, mientras observaba desde el dique a mis compañeros de club remando. Me sentía mejor, y sentía que todo a mi alrededor estaba mejor. Mis ganas habían retornado, y había encontrado una razón por la cual veía que valía la pena comprometerse y trabajar.

Ya era finales de dos mil nueve y la nueva temporada de remo estaba a punto de empezar. El equipo se estaba volviendo a formar, y yo estaba listo para subirme al barco con ellos, para formar parte del equipo, sabía que quedaba mucho trabajo por hacer y que tenía nueve meses para prepararme hasta el siguiente ciclo de competición, pero en ese momento más que nunca creía que podía ser posible. No era una locura pensar que pudiera ganarme un puesto al lado de mis compañeros en el agua, si me esforzaba lo suficiente para llegar a la altura de los demás.

Durante los primeros meses me resultó difícil coordinar trabajo y entrenamientos. Debido a mi horario laboral, solo podía entrenar con el equipo uno o dos días por semana, el resto del tiempo tenía y debía entrenar solo si quería estar con ellos. Y así hacía, cada día entrenaba con mi música y más tarde me montaba en mi bicicleta para ir a trabajar, pasando muchas horas solo de un lado para otro, entrenando y trabajando.

Un buen día, tras completar mi entrenamiento fui a trabajar como de costumbre, y cuando estaba ya cambiado y en mi puesto de trabajo, me llamaron desde dirección. Tras unas breves palabras me comunicaron que prescindían de mi puesto de trabajo en ese mismo instante. Sin decir una palabra más alta que otra, lo justo y necesario, agradecí el trato que hasta el momento me habían dado, tanto por parte de la empresa como por parte de todos mis compañeros, revisé los papeles para corroborar que todo estuviese en orden y los firme antes de salir por la puerta del despacho, dejando así mi puesto de trabajo y la empresa.

Desde siempre he sido una persona a la que no le ha gustado discutir, y siempre que he podido lo he evitado. Aunque en alguna que otra ocasión me trataron pensando que era tonto por no enfrentarme, yo siempre preferí que fuese así, ya que nunca quise rebajarme a la altura de la gente que pretendía que discutiese en esas situaciones. Siempre he preferido poder salir con la cabeza bien alta y por la puerta principal de cualquier sitio, que acabar discutiendo sin motivo ni razón y, por consiguiente, acabar mal conmigo mismo al irme, porque al final el que vuelve a casa soy yo, y yo solo me tengo que gestionar el enfado en mi casa. **Por eso, a día de hoy, es una de las razones principales por las que hago deporte, porque descubrí que es una vía de escape estupenda y que te hace sentir mejor contigo mismo y además hace que te valores más.**

Volviendo la vista atrás y analizando los sucesos acontecidos inmediatamente después de recibir la noticia, puedo decir que no me arrepiento de como actué, y que hoy en día en esa misma situación, o en una muy similar, puedo decir que volvería a hacer lo mismo. Y es que en ese momento, tras recibir la noticia por parte de dirección, recogí todas mis pertenencias, avisé a un par de amigos y compañeros de trabajo de que me iba, y puse rumbo a casa por la puerta principal, con la cabeza bien alta, y sabiendo que hasta el momento había hecho todo como tenía que hacerlo en mi puesto de trabajo, y que mi ética profesional y personal estaban intactas. Llegue a casa, y sin pensarlo mucho hice la mochila y me fui a entrenar con mis compañeros del club de remo, porque algo en mi vida había cambiado. Me había quedado sin trabajo, pero no era el fin del mundo, yo estaba bien, tenía salud, y podía continuar si yo quería, y no estaba dispuesto a que un hecho aislado como ese condicionara toda mi vida en ese momento. Estaba en mi mano decidir quedarme en el sofá lamentándome de algo que escapaba a mi control y de lo que estaba muy seguro, como era el hecho de realizar bien mi trabajo, o podía salir a la calle y seguir con mi vida, podía levantarme una vez más y seguir, y así lo hice. Esa noche, y para sorpresa de mis compañeros al verme allí, me presenté en el entrenamiento, ese era el comienzo donde se forjaría parte de mi carácter.

Recién cumplidos los veintidós años, a un paso de entrar a dos mil diez, no sabía qué haría, ni cómo lo haría, ni tenía claro donde acabaría, pero si estaba seguro de algo era de qué manera empezar.

Decidí tomar el control, estaba sin trabajo y tenía que afrontar las facturas y demás compromisos. La crisis estaba en su punto más alto, sabía que no iba a ser fácil salir adelante, pero quedándome en casa no iba a solucionar nada. Quedándome en el sofá sentado esperando una oportunidad no iba a lograr nada, así que tomé una decisión y decidí, cada día, de lunes a viernes, salir por las mañanas a entregar currículos a diferentes empresas por la ciudad. Sabía que iba a recibir muchas negativas, y que muchos de esos dossieres de presentación acabarían en las papeleras nada más salir por la puerta de las empresas, pero había que estar ahí, día tras día era lo que tocaba, no podía desistir, tenía y debía mantener el humor si quería salir adelante. Y sobre todo debía de ser constante para conseguirlo de nuevo.

En esos momentos no buscaba el trabajo de mi vida, ni tan siquiera buscaba algo que me gustara, buscaba lo que apareciese, buscaba lo que necesitaba para salir adelante en esos momentos, para poder seguir haciendo lo que me gustaba y quería: el deporte, remar en el mar.

Así fue como durante varios meses, con el "trabajo" de buscar trabajo, salía cada mañana de casa con esa idea de entregar los currículums, y regresaba de noche a casa tras realizar el entrenamiento con todo el equipo. Durante ese tiempo me obligué a seguir unas rutinas y horarios para no acomodarme, para no quedarme parado, sin hacer nada en casa, intentando mantener una disciplina y un control para no perder el rumbo y quedarme marchitado de ideas y de lógica sin razón ninguna.

Cada vez me encontraba mejor y más fuerte, el remo me estaba aportando claridad y motivación, el remo hacía que cada noche me acostase muy cansado, pero también conseguía que cada mañana me levantase con ganas y energías, sabiendo que volvería a vivir esos momentos al final del día, tras haberme enfrentado a todas esas entrevistas de trabajo, mostrándome que los objetivos se podían conseguir paso a paso y siendo constante cada día.

Solíamos salir mucho al mar a remar, y cada vez que estábamos en la trainera en medio del mar, un escalofrío recorría mi cuerpo, y la cabeza me empezaba a funcionar de una manera desproporcionada. Muchos flashback de aquella noche bombardeaban mi cabeza, y demasiadas ideas surgían: ¿y si nos hundimos?, ¿y si no nos encuentran?, ¿y si sale un tiburón?, ¿y si me ahogo? Yo peleaba y luchaba conmigo mismo para mantenerme ahí firme, pensaba y buscaba los buenos instantes que vivía remando y por los que estaba en ese momento ahí, y ellos, mis compañeros, me ayudaban afrontar cada día el entrenamiento que correspondiese. Sin duda, cuando peor lo pasaba era en los entrenamientos nocturnos de invierno a media tarde, o en los que había mala mar, con olas y viento. Esas situaciones aquí en Galicia suceden casi constantemente, y no era fácil buscar una razón para seguir. Cuando veía como el barco se llenaba de agua por la incesante lluvia, y sentía como las olas que entraban golpeando el casco de la trainera hacía que oscilase en cualquier dirección indefensa ante la poderosa fuerza del mar, comprendía lo insignificantes que éramos.

En esas situaciones, el apoyo del equipo me ayudó mucho para afrontar el día a día y continuar. Me daba cuenta de que no estaba solo en ese momento, y que tenía compañeros y amigos que eran como una familia, que estaban a mi lado, codo con codo. Buscaba las fuerzas para subirme al barco cada día, yo quería estar ahí, y pese a los miedos e incertidumbres, sabía que no estaba solo, y que podía conseguirlo, podía seguir adelante.

Tras toda la preparación de ese año llegaba el momento, comenzaba la liga gallega de traineras, y era hora de estar con todo el equipo. Aún sin saber si tendría sitio para remar, pero con el trabajo hecho y estando día a día preparado para afrontar mi primera regata, esperando que llegase el momento en que yo estuviese mejor que otro compañero y poder así ocupar ese puesto en el barco.

Sin duda, durante toda la preparación redefiní ciertos valores propios. De ellos, el principal, fue el compromiso. Sin lugar a dudas, entrenar de lunes a domingo, día tras día, sin importar la hora, el tiempo, o las condiciones meteorológicas de frío, lluvia y viento, hizo que aprendiera lo que es un compromiso férreo y sin fisuras, y sin duda en ese momento las palabras compromiso, dedicación, esfuerzo y constancia cobraron otro sentido para mí.

Con la liga ya empezada y en mitad del verano, llegaba mi momento. Tras asistir a varias regatas donde veía a mis compañeros dejarse el alma y la piel en el agua, sin importarles que en ocasiones el resultado fuera poco alentador para todo el sudor y sangre que se había derramado en ese campo de regatas, era mi turno. Era el momento de darlo todo y ser uno más en el barco.

La noche anterior a mi primera regata, no había conseguido dormir nada, tenía un bombardeo de sentimientos y nervios que no me dejaron descansar tranquilo. En ese momento tenía una profunda angustia, sentía como mis pulsaciones estaban aceleradas y era consciente de que sudaba más de lo normal. Y es que, pese a remar cada día en el agua con mi equipo, en ese momento iba a dar un salto, en ese momento iba a descubrir si realmente me gustaba remar, e iba a demostrar a todo el equipo si sabía hacerlo en esas condiciones tan duras y si estaba preparado y a la altura de las circunstancias.

Durante todo el viaje al campo de regatas mi brazo izquierdo sufrió pequeños temblores, y mi mano estaba cerrada. Pensaba una y otra vez en mantenerla abierta, pero lo cierto es que notaba una opresión en el pecho tan fuerte por los nervios, que no conseguía concentrarme en hacerlo, y mi mano continuaba cerrada.

Cuando llegamos al puerto donde se celebraba la regata, y mientras bajábamos el barco al agua, por momentos contenía la respiración, y pensaba una y otra vez si estaba preparado, recapacitaba sobre si podría conseguirlo, y si estaría a la altura de lo que mis compañeros se merecían de mí en ese momento. Ya no había vuelta atrás, era el momento para el que me llevaba un año preparando, y no podía haber miedos ni dudas. No era el momento de vacilar ni de ser un cobarde, era el momento de aplicar lo que sabía, de sacar el coraje y la valentía, era el momento de ser decidido y fuerte. Ahora más que nunca tocaba empujar hacia delante por mí y por cada uno de mis compañeros. Fue entonces cuando respiré profundamente, me coloqué en mi posición en el barco, y con una calma y claridad que no había sentido hasta el momento, me predispuse para el momento de la salida.

Esa primera regata marcó un antes y un después. Durante cada segundo de los veinte minutos que remamos a toda potencia haciendo un máximo esfuerzo constante, me preguntaba qué estaba haciendo yo allí, y por qué era necesario sufrir de esa manera, y pese a todo tengo muy presente cada instante de esa regata como algo maravilloso, porque pese a acabar tremendamente cansado y con las manos llenas de sangre de las ampollas que se habían formado por la fricción con el remo en cada palada, la satisfacción y sentimientos que en aquel momento sentía eran asombrosos.

Nunca antes hasta ese momento había experimentado una sensación igual, y aunque el resultado ese día no fue bueno para el equipo, yo conmigo mismo había ganado una de las batallas más grandes e importantes como deportista. Aquel día, en aquella regata, me había enfrentado a mis miedos, y había vencido. Debía estar orgulloso y llevar la cabeza bien alta por lo que había hecho, por la trayectoria y porque sabía que quería seguir ahí, codo a codo con mis compañeros.

Durante el resto de la temporada seguí entrenando y remando, más decidido y confiado que nunca, y con más y más ganas de continuar, de entrenar y mejorar para seguir creciendo como deportista y como remero.

Yo mismo notaba que mi confianza había crecido, me sentía mejor, y me encontraba mejor, y eso era algo que se notaba y se reflejaba hacia los demás, haciendo así que todo mi entorno estuviese mejor, más coordinado y más fuerte, y es que cuando realizas un deporte de equipo, donde todos los integrantes del barco tienen que hacer el mismo movimiento, en la misma dirección, para ejercer toda la fuerza en el agua a la vez mediante los remos, es muy importante que todo el equipo se sienta como un bloque.

Fue en esa época donde tras mucho buscar, y varias entrevistas de trabajo sin obtener ningún resultado, llegó el momento en el que me citaron para una propuesta de trabajo. Se trataba de un trabajo donde me ofrecían cubrir unas vacaciones, y que yo sin dudarlo, en la situación que me encontraba, acepté.

Desde el primer día me tomé el trabajo con la misma seriedad y responsabilidad que en mis anteriores trabajos, y como si fuese para quedarme toda la vida. Mi ética profesional no me permitía hacerlo de otra manera que no fuese esta, pero en esta ocasión me sentía mejor, me sentía más motivado, estaba más contento y trabajaba sin reservas, dando lo mejor de mí mismo cada día, pese a saber que mi contrato se acabaría. Pero día a día trabajaba en los detalles, como había aprendido en remo, como había aprendido mediante el deporte.

El tiempo fue pasando, y en aquel momento seguía compitiendo y trabajando, en ese momento la temporada de remo estaba a punto de acabar, y mi contrato también, y yo seguía con mi idea principal, dar lo mejor de mí mismo desde el primer al último día en cada instante.

Una mañana, a pocos días de que mi contrato de trabajo expirase, me comunicaron que querían hacerme una prórroga del mismo, me informaban de que estaban contentos de cómo me desenvolvía en mi puesto de trabajo y querían que continuara. Yo ante esa noticia acepté sin dudar, y proseguí más motivado que nunca.

Meses después, tras una evaluación, me propusieron un contrato indefinido y de responsable de departamento, que obviamente, tras llegar a unos acuerdos comunes, acepté sin dudar. Al final de ese día, me estaba dando cuenta que todo trabajo tiene un resultado directo o indirecto en nosotros, y que nunca, por muy mal que estén las cosas, o que parezcan que transcurren, nunca debemos darnos por vencido.

En este momento me di cuenta de una de las lecciones más importante de mi vida, y es que nunca debemos hacer algo meramente por el resultado que creemos que vamos obtener, sino que nosotros mismos debemos dar el primer paso, y día a día trabajar como si fuera el último, porque es cierto que puede salir mal, pero también puede salir bien, y si yo en esa primera entrevista hubiese rechazado el trabajo por ser solo para cubrir unas vacaciones, no me hubiese dado la oportunidad de ver a donde podría evolucionar y llegar.

Mientras tanto, la temporada de remo había acabado, era el mes de descanso deportivo, y teníamos libertad para hacer lo que nos apeteciera sin necesidad de entrenar. En ese momento varios compañeros se fueron de vacaciones, otros descansaron, y unos pocos siguieron entrenando para la siguiente temporada. Yo decidí darme un tiempo para mí, y pese a que ya me había comprometido a volver a remar la siguiente temporada, en ese momento quería buscar otro deporte, quería buscar otra afición, y así fue como, después de un tiempo mirando y probando diferentes deportes, descubrí el tiro con arco olímpico.

Iluso de mí en ese momento, pues con el paso de los años acabaría descubriendo que no puedo realizar ningún deporte por afición, porque si me gusta y me motiva, quiero ser el mejor conmigo mismo, y quiero constantemente avanzar.

A comienzos del siguiente año, unos compañeros y yo comenzamos a entrenar para remar en otro club que nos había hecho una propuesta a finales de la temporada anterior para evolucionar. Ese año había sido un año muy bueno para mí en el mundo del remo, en esa temporada había adelgazado hasta los setenta kilos, y estaba muy integrado en el grupo. Había aprendido a remar mejor, y tenía más fuerza para poder estar a la altura de mis compañeros. Sin ninguna duda, los mejores recuerdos que tengo de mi época en el mundo del remo fueron en esta primera temporada en el club que me vio nacer como deportista, como remero.

Durante toda esa siguiente temporada, también compagine el mundo del remo en el nuevo club con el tiro con arco olímpico. Realizar esta modalidad deportiva de tiro con arco, me permitía trabajar mucho mis secuelas en mi lado izquierdo. Desde siempre he estado muy condicionado por este lado, pero pese a ello nunca he permitido que eso me condicionase para realizar algo, siempre que he dejado de realizar algo ha sido por decisión propia, y no por una deficiencia o impedimento por mi lesión. Nunca me quise dar por vencido.

Con este deporte aprendí mucho a nivel personal y deportivo. Las largas horas lanzando flechas me permitieron descubrir el valor de la paciencia, y sin duda redefinió mi concepto de los detalles. Estos cobraron un sentido único y extraordinario, cada lanzamiento de cada flecha, era una oportunidad de conseguir la gloria o romper de nuevo la flecha.

Otra cualidad que adquirí en tiro con arco olímpico fue la concentración. Gracias a la práctica de remo tenía un nivel alto de concentración y constancia, pero la práctica y el lanzamiento constante de flechas, me demostró que la concentración y la constancia podían llegar a un nivel mucho más alto.

A día de hoy no lo practico todo lo que me gustaría, pero siempre tendré en el recuerdo una tarde en la que, mientras lanzaba varias flechas a un globo a noventa metros, tuve una sensación de la que durante varios meses anteriores mi entrenador me había hablado. Esa tarde, a noventa metros de distancia había visualizado y sentido la flecha con todas mis ganas tras soltarla del arco, y antes de que llegase a la diana, yo ya había levantado los brazos festejando tal hazaña, porque estaba seguro que daría en la diana. Estaba seguro en ese instante de que la flecha se clavaría en la diana, y así fue como unas milésimas de segundo después, se escuchó como el globo explotaba a, como ya he dicho, noventa metros de distancia. Esa ha sido una de las mejores sensaciones de mi vida, y fue una actitud que aprendí y desarrollé en cada aspecto de la misma. Cada vez que, hoy en día, emprendo algo nuevo siempre lo visualizo con ganas e ilusión, para llegado el momento dar lo mejor y estar motivado, ya que a día de hoy **creo firmemente que la motivación es el motor que nos impulsa.**

Tras compaginar todo ese año trabajo, remo y tiro con arco, llegaron mis vacaciones laborales y deportivas, y pude por fin, pasados seis años del accidente, empezar a cumplir mi promesa de peregrinar a Santiago. Durante esos primeros días de vacaciones preparé la bicicleta que me habían regalado por mi comunión, esa bicicleta que tenía en el trastero parada, y sin saber cómo, comencé esta nueva aventura camino a Santiago.

Al regresar de esta gran y maravillosa aventura, y con los últimos meses del año por delante, volví a comprometerme con el equipo de remo y con el equipo de tiro con arco para proseguir con ellos la siguiente temporada entrenando y compitiendo.

Acababa de cumplir veinticuatro años, empezaba el año dos mil doce y yo aún no lo sabía, pero iba a ser mi año más duro a nivel deportivo. Era mi tercer año en remo y el segundo en tiro con arco olímpico. **Ese siguiente año fue sin duda una lucha psicológica continua conmigo mismo por seguir adelante y no abandonar.**

Durante todo ese siguiente año, debido al estrés laboral y deportivo, no gocé de buena salud. Sufrí catarros en varias ocasiones que me tuvieron muy débil mientras entrenaba y trabajaba, y eso hacía que mi preparación fuese mucho más lenta con respecto a mis compañeros. También, dos veces ese mismo año, contraje el herpes zóster en mi cuerpo, que me alejó temporalmente de la práctica de deporte alguno, debido a los fuertes dolores que me producía y al hecho de no poder sudar para que no se reprodujese.

Entre los parones, y tener que retomar los entrenamientos, mis aspiraciones por remar cada vez eran más escasas, ya que cada vez pasaba más tiempo sin entrenar con mis compañeros.

Pese a mis esfuerzos y a la motivación que le ponía, cada día que iba a entrenar ya tenía el presentimiento de que no competiría con mis compañeros en las regatas, pero lo cierto es que no quería rendirme ni abandonar, y día a día seguía con esa lucha interna.

A día de hoy nunca he abandonado nada por voluntad propia, siempre que me he visto obligado a abandonar, ha sido por una circunstancia ajena a mí, que en ocasiones es imposible ignorar, como es el caso de una lesión.

A lo largo de esa temporada, debido a estas circunstancias, entre en un profundo círculo donde todo era negatividad y donde me empezaba a cuestionarme todo, estaba más amargado y más triste. Ver a mis compañeros regata tras regata remando y ganando los trofeos no me ayudaba, porque aunque por un lado me alegraba como parte del equipo, por otra, como remero y deportista me veía impotente por no poder estar ahí.

Sentía que mi esfuerzo y mi trabajo no estaban siendo valorados, y que regata tras regata se tiraba por la borda, y pese a todas las banderas que en ese momento ganamos, yo solo las sentía como parte del equipo, no como remero. Durante todo ese tiempo sentía una gran frustración por la situación y además un profundo resentimiento hacia el que en ese momento era mi entrenador, y no por la persona en sí, sino por el papel que en ese momento él tenía que gestionar como entrenador, que analizado en profundidad, no era fácil, porque nunca es fácil gestionar unos buenos resultados para un club, y tener contentos a los remeros, pero para mí en ese momento todo era cuestionable y no lo comprendía..

Los días y los meses iban pasando, y yo pese a mantenerme firme en cada instante y siendo constante día a día, la losa de presión que llevaba sobre mis hombros cada vez pesaba más, y lo que antes era una válvula de escape en mi vida y que me ayudaba a afrontar los otros aspectos de la misma se estaba convirtiendo en un trastorno, en un malestar general que estaba afectando a mi vida por completo, tanto personal como laboral.

Ese año aprendí la importancia de disfrutar de lo que tú mismo decides hacer, y que aunque funcione para lo demás, si tú mismo no disfrutas, no te motivas, y no encuentras razones para seguir, no está mal aparcarlo y buscar unos nuevos objetivos, porque en la vida todo lo que empezamos tiene que tener fecha de caducidad, para, llegado el momento, valorar si funciona y se continúa en una nueva fase, o en el caso de que no funcione, si es el momento de comenzar otras.

Al final de ese año decidí colgar el remo y el arco, y sin tener muy claro que camino quería tomar, pero con la idea de buscar nuevas motivaciones mediante el deporte, me puse a buscar ideas y opciones que me estimulasen en este nuevo camino.

Tras todo eso, lo primero que hice fue volver a cumplir mi promesa de peregrinar a Santiago otra vez. Necesitaba despejarme, aclararme y buscar esa nueva razón por la que esforzarme cada día, y sabía que el Camino podía aportarme todo eso. Además, como recompensa y a la vez necesidad, me compré una bicicleta nueva, la primera bicicleta que yo mismo me pagaba con mi dinero, y sin darle más vueltas puse de nuevo rumbo a Santiago.

¿Por qué nos caemos?

Para aprender a levantarnos una y otra vez las veces que hagan falta, porque no importa lo fuerte que te golpee la vida, lo que importa es la fuerza con la que te levantas una y otra vez, pese a las circunstancias, a los problemas, o a toda esa gente que quiere tenerte sometida de rodillas y que no consigas tus objetivos, pero hay que resistir, hay que seguir avanzando, porque cuando sigues, aunque en un principio estando solo te encuentres mal, desubicado o sin ganas, si aguantas y resistes, cruzarás esa frontera invisible donde la obligación se convierte en diversión, porque ya lo sabes, porque ya lo hiciste, porque en el fondo es lo que quieres, y es lo que te gusta, por eso debes levantarte una vez más y no dejar que las dudas que tengas en esos momentos te hagan creer lo que nos decimos a nosotros mismos, como que no nos apetece, como que ya lo haremos más tarde, o como que ya tendremos más tiempo para volver luego… porque eso, en el fondo sólo es una mentira pasajera que nos puede hacer perder oportunidades únicas y magníficas de vivir momentos extraordinarios.

Lo cierto, es que tras todos estos años dedicando parte de mi vida al deporte de una manera tan comprometida, y en muchas ocasiones sin recibir una recompensa por todo el esfuerzo, compromiso y sacrificio, me había desmotivado, y por eso al acabar la temporada de remo y tiro con arco, decidí tomar otro camino, decisión que opté por tomar tras completar de nuevo mi peregrinación a Santiago. De nuevo el camino me había dado las respuestas necesarias a las preguntas que me estaba planteando en ese momento. Y de inmediato me puse a buscar nuevos objetivos deportivos. No sabía muy bien que quería hacer, pero me notaba de nuevo ilusionado y animado, y sin duda todo lo que en ese Camino había experimentado y vivido me había cambiado, y había conseguido que tuviera de nuevo esperanza y confianza.

En esta peregrinación descubriría que mi promesa ya no sólo era un hecho aislado de cumplir un compromiso, si no que se había transformado en una necesidad intrínseca vital que necesitaba hacer cada año, y que me demostraba y recordaba de lo que era capaz si quería.

Tras reincorporarme de nuevo al trabajo después de mis vacaciones, comencé a salír cada día con mi bicicleta, por aquel entonces, no hacía más de diez o veinte kilómetros, y recuerdo que en ese momento ya me parecía una quimera imposible cada vez que llegaba a cruzar la frontera de los treinta kilómetros. Hoy en día, cada vez que salgo en la bicicleta ya sea por carretera o montaña, vienen a mi memoria esos primeros días, y esas sensaciones recorren de nuevo mi cuerpo cuando estoy completando distancias verdaderamente mucho más grandes.

En ese periodo de tiempo comencé a leer varios libros de motivación y deporte.Tengo un recuerdo muy especial del libro "Donde está el límite", de Josef Ajram. Con él, comencé a descubrir lo que la filosofía *"where is the limit?"* transmitía y me podía aportar, porque si ellos eran capaces ¿por qué no podría serlo yo? Y así fue como, más motivado que nunca, me inicié en este concepto, en esta filosofía deportiva y de vida, sin imaginar que con el paso de los años acabaría buscando mis propios límites todavía más allá.

Totalmente motivado, visualicé muchos vídeos en *Youtube* de diferentes pruebas extremas, en aquella época yo no disponía de canal propio en esa plataforma, y mis redes sociales se limitaban a mi *Facebook* personal, pero día tras día me empapaba de la motivación y experiencia que gran parte de esos vídeos me transmitían. Hasta que llegó el día que vi uno que me marcó. Lo cierto es que recuerdo como si fuese ayer cada segundo de ese documental, el documental de "Imparables en la *Titan Desert*", que protagonizaba Santi Millán. Cada vez que hago memoria vienen a mí las palabras que dije nada más acabar de ver el reportaje: **"yo quiero estar ahí".**

No sabía de qué manera, no sabía si sería capaz o si era posible, pero yo quería estar ahí. En ese momento no tenía ni los medios ni los conocimientos necesarios e indispensables para afrontar esa prueba, pero era un soñador, un iluso que quería intentarlo con todas sus fuerzas y sus ganas y esperar a ver qué pasaba. Lo cierto es que hasta ese momento de mi vida nunca había sentido una motivación tan grande y tan ciega por un objetivo. Durante los siguientes meses no paré de informarme acerca de la prueba y de todo lo que abarcaba, hasta llegué a contactar con la organización para enterarme de cuando hacían la presentación en mi ciudad, en A Coruña, para asistir y conocer los requisitos necesarios.

La verdad es que tras la presentación de la carrera mi idea y mi ilusión cobraron más fuerza, tenía más ganas, y visualizaba una y otra vez el momento de estar allí, en el desierto, porque la *Titan Desert* es una prueba en la que se cruza el desierto de Marruecos en bicicleta durante seis días recorriendo casi setecientos kilómetros.

A partir de entonces empecé a entrenar de manera más seria con la bicicleta, aquella que poco tiempo antes me había comprado. Seguía sin saber si podría estar allí, pero quería estar preparado si llegado el momento se daba la circunstancia de poder asistir.

Durante un tiempo recuerdo que hubo mucha gente que me llamó iluso, es más, mucha gente pensaba que estaba loco y que no podría hacerlo nunca, que era algo inalcanzable para mí, y aun dándose el caso de estar allí, que no lo conseguiría, que no podría completarlo, pero yo, haciendo caso omiso a todos esos comentarios, seguí trabajando y entrenando, persiguiendo mi sueño de participar en la carrera, de poder estar al lado de todos esos ilustres personajes que veía día tras día en los vídeos de *Youtube*, y completar la prueba.

En todo el proceso tuve siempre el apoyo de la persona que años antes había encauzado de nuevo mi camino, y pese a sus lógicos miedos y preocupaciones por mí, ella estaba a mi lado, mostrándome su apoyo y confianza. Sin duda este hecho reforzó mucho mi idea, y fue una inmensa ayuda en el camino a mi sueño.

A su vez en este camino, el destino, caprichoso como siempre, hizo que en mi vida se cruzasen de nuevo dos buenos amigos que, por circunstancias de la vida, hacía años que no veía. Uno de ellos experimentado en el mundo del marketing, la comunicación y *social media*, fue y es el principal responsable de las bases de todas mis redes sociales. Con su ayuda y su guía, hizo que sacase lo mejor de mí mismo en este área tan desconocida para mi hasta ese momento.

En ese momento, no sabía que años después encontraría en esa ventana al mundo llena de posibilidades una manera de motivarme día a día en mi vida, en el trabajo y en el deporte, haciendo que mi mensaje pudiese llegar mucho más lejos de lo que en un principio imaginaba. Me daba la oportunidad de conocer y compartir momentos y experiencias extraordinarias con personas fascinantes y únicas, y todo gracias a mis redes sociales y a mi perfil, Victor Tasende.

La otra persona que nuevamente se había cruzado en mi vida en ese momento fue un periodista muy reconocido y experimentado de deportes Cuatro, con el que había compartido clase en el instituto, y que sabía bien lo que era apostar y arriesgarse por un sueño. Años antes, él se había ido de su tierra para estudiar la carrera de periodismo y construirse un futuro a partir de su sueño. Con su ayuda y su guía pudimos realizar una serie de estrategias en cuanto a noticias y comunicados de prensa para los diferentes canales de comunicación de televisión, radio y prensa.

Desde ese momento pusimos en marcha distintas estrategias, y a finales de dos mil doce, creamos los diferentes canales de comunicación al mundo, creamos la web **www.victortasende.com**, pusimos en marcha el **canal de** *Youtube* **VictorTasende** y abrimos diferentes cuentas en *Twitter*, *Instagram* **y una *fan page* en** *Facebook* **(@VictorTasende)**.

Con el tiempo, me daría cuenta de la importancia de estas diferentes herramientas y de toda la utilidad que tienen y que pueden ofrecer para perseguir y conseguir un sueño.

En aquellos últimos meses del año, realizamos nuestra primera entrevista en directo, para Radio Marca, y también nuestro primer reportaje, que salió publicado en Cuatro. En él contaba mi historia, y cómo en ese momento me estaba preparando para poder asistir a la *Titan Desert*, buscando apoyos para poder hacerlo realidad.

Esa recta final del año fue un frenesí, yo seguía trabajando y entrenando duro, y acudía a diferentes reuniones y entrevistas para buscar los apoyos necesarios para afrontar esta increíble aventura.

En una de esas reuniones llegué a un acuerdo con una emisora de radio y un entrenador personal. La idea era realizar un trabajo grupal, donde el entrenador guiara y supervisara mi preparación desde la distancia, debido a que él estaba en Valencia y yo en A Coruña, y que los dos juntos, en común, pudiéramos una vez a la semana entrar en directo en el programa de radio y hablar de cómo estaba siendo dicha preparación. Así fue como durante unos meses realizamos este trabajo común, así fue como durante unos meses fui colaborador de radio teniendo una sección propia hablando de deporte.

A su vez yo seguía agotando las diferentes opciones para conseguir el apoyo necesario para acudir al desierto. Una de esas opciones había sido presentar el proyecto a las becas "Persigue tus sueños" promovido por Gaes. Estas becas se fundaban en un deber social y deportivo que esta empresa recompensaba con ilusión y compromiso a los diferentes premiados por su esfuerzo y su espíritu de lucha persiguiendo un sueño deportivo, pudiendo así apoyar a un deportista amateur como si fuese un deportista profesional.

A principios de dos mil trece, tras llevar unos meses como aspirante a una de estas becas mediante votación, tenía que volar a Barcelona para saber la resolución final.

Los días anteriores, desde que me notificaron que tendría que asistir, sentía muchos nervios e ilusión, y es que estaba a punto de recibir una noticia que podía recompensar todo el trabajo y esfuerzo hasta la fecha, o no.

Sin duda lo peor de esos días fue tener que volar a Barcelona, coger un avión. Desde pequeño siempre había tenido miedo a las alturas, de tal manera que no podía asomarme a la ventana de una casa si esta estaba muy elevada respecto al suelo, ni casi podía subirme a una escalera muy alta. Mucho menos volar. Pero tras el accidente había decidido que no tendría miedo a nada, si mucho respeto a todo, pero no miedo, y en ese momento, en aquellas circunstancias, no estaba dispuesto a que el miedo me impidiera avanzar en mi sueño.

El viaje fue una odisea para mi, en ese momento viajaba solo, y no tenía más remedio que ser valiente, debía de superar mi intenso e irracional miedo a los aviones, y debía comprender y entender que no pasaba nada, que era seguro, y que podía hacerlo.

Mentiría si no dijese que durante los momentos previos al despegue lo pase muy mal, pero desde el minuto uno, intente visualizar mis objetivos, pensaba en las razones que me conducían a hacer aquello, me distraía con mi música y una y otra vez me repetía que podía, que era posible, que yo había decidido estar ahí y que lo podía conseguir. Respiré profundo, me acomodé en el asiento y agarré con fuerza los reposabrazos para afrontar ese viaje.

Hoy en día volar sigue siendo un gran esfuerzo para mí, pero aplicando la lógica y las pautas que hice en el primer viaje, lo cierto es que me resulta mucho más fácil, en esos momentos se que hay que mantener la calma, buscar una serie de distracciones y sólo pensar y visualizar hechos o momentos positivos por los cuales se está ahí en ese momento, buscando algo que nos motive a superar ese trance.

Finalmente, ese día regresé a mi casa con la mejor noticia que me podían dar, y es que me otorgaban una de las becas ”Persigue tus sueños”. Ya era una realidad, estaba dentro. Participaría en la *Titan Desert* junto al equipo Gaes, formado por Santi Millán y Roberto Heras, entre otros.

Los siguientes meses vinieron muy marcados por muchas noticias y momentos, durante ese tiempo seguí trabajando y entrenando igual, en ese aspecto nada había cambiado, hasta antes de saber la noticia de que podría asistir, ya estaba entrenando y compitiendo para estar preparado si se daba la ocasión, y en el momento de saberlo sólo debía seguir igual, debía seguir entrenando y compitiendo igual de comprometido y de motivado, pero con mas nervios y más ganas porque llegase el momento de comenzar.

Poco a poco la fecha se iba acercando, y las noticias y las colaboraciones con diferentes marcas crecían, dando así más confianza a todo el proyecto. Ya era una realidad que iba a participar en la prueba, pero había que ir al desierto y demostrar que podía hacerlo, que podía ser un titán.

La última semana de abril de ese año la aventura daba comienzo. Tras seis meses de trabajo, esfuerzo y mucho sacrificio, con algo más de cinco mil kilómetros de bicicleta por los diferentes montes de Galicia en mis piernas, estaba listo para enfrentarme a lo que me viniera en el desierto. Mi vida daba un cambio, pegaba un vuelco totalmente desconocido para mí. Yo mismo tenía muchas dudas e incertidumbres, no sabía cómo empezaría, y ni mucho menos como acabaría, pero tenía muchas ilusiones y ganas puestas en la aventura.

Tras un largo y duro viaje, primero en coche hasta Madrid, después en avión hasta el desierto, y por último en bus hasta el campamento, ya en Marruecos, recuerdo encontrarme absolutamente tranquilo. No me sentía con nervios, no tenía miedos, sabía que el trabajo estaba hecho, y que estaba en mi mano acabar o no la prueba, que ya no dependía de nadie. Tenía un gran equipo, montaba una buena bicicleta y sentía un apoyo enorme por parte de todos. Para nada me sentía solo pese a no conocer a nadie en ese momento allí. Durante la travesía hacia el campamento no alcanzábamos a ver más que pistas de arena y tierra, salpicadas de cuando en cuando por pequeñas casas situadas en medio de ninguna parte. Nos recordaba que no estábamos solos, pero si perdidos en territorio desconocido.

Tengo muy marcados los primeros momentos, la llegada al campamento. Comencé a cruzarme con muchos de los corredores que estaban allí preparándose para competir al día siguiente. A muchos de ellos los conocía sin haberlos visto antes, y es que una de las maravillas que aportan las redes sociales es poder conectarte con cualquier persona en cualquier parte del mundo, y yo, desde varios meses antes, llevaba tiempo contactando con diferentes personas que sabía que me iba a encontrar allí. Eso hizo que me sintiera en familia, porque esos desconocidos con los que durante tiempo estuve hablando se estaban convirtiendo en amigos de aventuras.

Ese primer día nos instalamos, fuimos a preparar el material que íbamos a necesitar y probamos las bicicletas por aquellos terrenos cercanos al campamento. Desde el minuto uno nos dimos cuenta que iba a ser una carrera larga y dura, en el *briefing* nos habían explicado que las temperaturas iban a ser muy cambiantes, tanto por el día como por la noche, y que tanto la lluvia como el viento podían aparecer en cualquier momento, haciendo que una etapa tranquila se convirtiera en una pesadilla.

Los llamados *briefing* eran reuniones que la organización hacía con todos los corredores cada día días a última hora. Nos juntábamos todos los participantes y era el lugar donde explicaban lo sucedido ese día y lo que iba a suceder al día siguiente en la etapa. En cada *briefing* nos explicaban el *roadbook* o libro de la ruta que tendríamos que seguir al día siguiente. Este libro nos marcaba los caminos e intersecciones que nos iríamos encontrando a lo largo del tramo mediante dibujos y anotaciones. Este cuaderno, que nos daban al acabar cada etapa y que teníamos que llevar en todo momento encima, avisaba de los diferentes peligros y relieves que nos podríamos encontrar, y también nos marcaba el tipo de terreno que nos íbamos a encontrar en cada momento.

La carrera se basaba en una prueba de orientación por etapas, en la que había que completar durante seis días diferentes kilometrajes a lo largo del desierto y las montañas de Marruecos. Durante toda la carrera dormíamos en jaimas, que son una especie de tienda nómada formada por una construcción de palos, telas y alfombras, que usan en el desierto, sorprendentemente muy resistentes a las ventiscas y a las tormentas de arena propias de la zona.

En cada jornada teníamos que llevar nuestro propio material y alimentación para el kilometraje indicado, algunos de estos elementos eran marcados y obligados a llevar por la organización por nuestra seguridad, y el resto de material que podíamos llevar, era por decisión propia de cada ciclista en base a sus propias necesidades, exceptuando dos etapas, las llamadas etapa maratón. La peculiaridad que tenían es que además de todo lo anterior, teníamos que llevar un saco de dormir y el material y alimentación necesarios para los dos días. La razón era que partíamos el primer día del campamento base y cuando llegábamos al final, dormíamos todos los competidores juntos en el suelo del desierto, para al día siguiente continuar con la nueva etapa hasta acabarla y llegar de nuevo al campamento habilitado por la organización, donde teníamos todo el resto de nuestro material, y donde estaban los fisioterapeutas y los mecánicos.

Una de las normas de la carrera es que durante esas etapas maratón no puedes recibir ayuda de ningún tipo que no sea de otro corredor, ni durante las dos etapas en sí, ni en el punto de reunión donde esa noche nos agrupamos todos para dormir, a diferencia de las etapas normales, donde al llegar al final si podíamos recibir ayuda de nuestros mecánicos y nuestros fisioterapeutas en los campamentos.

No obstante, independientemente de estas peculiaridades durante estas dos jornadas, las normas de la carrera también nos marcaban que ninguno del resto de los días durante la etapa podíamos tener ayuda exterior de ningún tipo, se consideraba un motivo para descalificar al corredor, y además, si no llegábamos antes del tiempo de corte marcado por la organización, quedábamos fuera de carrera. Estaba permitido que el corredor saliese al día siguiente, pero no contaba en la clasificación general con los demás ciclistas, ni tampoco le reconocían el hecho de ser *finisher* de la carrera con el maillot oficial al llegar al final de la prueba el último día.

Bueno, lo cierto es que contado así puede no atraer mucho, pero la verdad es que es una carrera espectacular. Los paisajes, la gente, el superarte día a día y demostrarte de lo que eres capaz haciendo algo que ni soñabas, es sin duda uno de los hechos más bonitos que existen, y por todo ello esta prueba está envuelta por una magia muy especial que atrae y engancha a cualquier amante de la bicicleta de montaña.

A día de hoy recuerdo con tremenda ilusión esta prueba, e independientemente de mi resultado, la experiencia fue algo maravilloso y que me cambió a un nivel bestial.

Ya instalados ese primer día y tras dormir de aquella manera toda la noche por la mezcla de nervios y las ganas previas a empezar, a las seis de la mañana nos despertaron a toque de corneta. Teníamos dos horas para prepararnos y acudir a la salida para empezar la prueba.

Todos los días había una rutina muy marcada. A las seis de la mañana nos despertaban, teníamos dos horas para preparar el material de la mochila que llevábamos y las bicicletas, además de volver a hacer nuestras maletas, ya que cada día cambiamos de campamento y teníamos que dejarlas listas y entregárselas a la organización para que las pudieran llevar al siguiente campamento, para que así las pudiéramos recoger al llegar. Durante esas dos horas también desayunábamos y comenzábamos a calentar sobre la bicicleta, para estar preparados para cuando diesen la salida. Justo antes de dirigirnos y posicionarnos en la línea de salida, teníamos que pasar un control de firmas, con el que la organización se aseguraba que todo el mundo estaba listo antes de dar el inicio de la etapa.

Posteriormente teníamos las horas marcadas por la organización para completar la etapa, y nada más llegar debíamos preparar las bicicletas para el día siguiente y acudir al fisioterapeuta para tratarnos de todo el esfuerzo, a continuación cenar y asistir a la reunión de cada noche antes de ir de nuevo a dormir y reponer fuerzas.

Todos estos tiempos estaban muy marcados, y todo el mundo se acostaba temprano, y yo junto a unos compañeros siempre exprimíamos cada noche todo lo que podíamos, porque en ese momento solo pensaba en disfrutar de esa experiencia todo lo que me fuese posible, pensaba que ya tendría tiempo para descansar en mi casa, y que durmiera más o menos no iba a condicionar mi puesto en la general, ya que lo que me importaba era completar la carrera, lo único que me importaba era ser *finisher* y disfrutar de toda la experiencia.

Cuando dieron la salida de esa primera etapa, en mi cara se dibujó una sonrisa que ya no se borraría con el paso de los días. Esa primera ruta era un tramo por las montañas con bastante desnivel, teníamos que completar noventa kilómetros. Me llevo unas ocho horas y veinte minutos completar la carrera, fue una etapa donde aprendí mucho, tuve varias equivocaciones con la orientación, e incluso tras llegar a meta tuve que volver a salir para pasar por el anterior control de paso, ya que en un fuera pista que no venía marcado en el libro de ruta, no me percaté de las marcas de las otras bicicletas y lo había pasado de largo por otro camino. Pese a correr de menos a más y siendo conservador desde el principio, al final aprendí que ante una avería mecánica hay que ser consciente de donde estás, y no seguir adelante como hice en el momento que me ocurrió la avería, sino que hay que pararse, observar lo que pasa y poner la solución al problema, porque si no, se arrastra hasta el final, haciendo que este se vuelva más grave y perdiendo más tiempo cuando finalmente se para.

Ese día tuve sentimientos contradictorios, pues estaba feliz pero frustrado y enfadado a la vez. pero también sabía que ese día me había valido para aprender un valiosa lección que me haría disfrutar más del resto de los días. Esa noche me acostaba feliz, pues había comenzado mi sueño.

La segunda etapa era la primera especial de la etapa maratón, un ruta de ciento diez kilómetros que me llevaría completar nueve horas. Era un trayecto muy rompepiernas, y pese a que había zonas muy llanas donde se podía mantener una velocidad alta, la mayor parte del perfil eran zonas muy técnicas de subidas seguidas de zonas muy rápidas de bajada. Yo, como siempre, apretaba en las subidas que era donde más cómodo me sentía y corría conservando mucho en las bajadas porque era donde peor me encontraba.

Fue aquí, en esta etapa, donde sufrí uno de los peores momentos de toda la carrera. A pocos kilómetros de la salida, rodando a una buena velocidad, sufrí un dolor muy intenso en la ingle, y desde ese momento la carrera se convirtió en una supervivencia para llegar antes del cierre de carrera de ese día. Mi único pensamiento en ese momento era que tenía que llegar como fuera, que no podía fallarle a toda la gente que me había ayudado a estar allí, y que fuese como fuese tenía que acabar y que no podía abandonar por un momento de debilidad tirando por la borda todo el trabajo realizado. Así, aprendí sobre la marcha a gestionar una situación como esa en una carrera de estas peculiaridades. Desde el momento que empezó a manifestarse el dolor me tenía que bajar de la bicicleta y caminar para evitar que se agravase, y poco a poco completaba los kilómetros con la sola idea de llegar como fuese, con el único propósito de llegar dentro del tiempo marcado por la organización y no quedarme fuera. Al llegar al campamento, tras conseguir completar la etapa antes del tiempo marcado, y seguir así dentro de la carrera, preparé la bicicleta y el material para la siguiente jornada e hice una gran sesión de estiramientos, pero sólo pensaba en cómo afrontaría los siguientes cuatro días restantes con ese dolor en el cuerpo que había empeorado con el paso de los kilómetros.

Tras pasar una mala noche debido al dolor en la pierna, y sin haber dormido apenas porque el colchón hinchable al transportarlo se había pinchado, me tocaba afrontar la etapa más larga de la historia de la *Titan Desert* hasta ese momento. Teníamos que completar ciento treinta y un kilómetros por el desierto, y sabía que no iba a ser fácil, me sentía muy cansado y muy desmoralizado debido a la impotencia que sentía por la situación que estaba viviendo, y no podía hacer nada más que pedalear y pedalear.

Los primeros kilómetros fueron muy duros, pero según avanzaban las horas, no sabría decir por qué, pero me empecé a encontrar mejor y con ello mis ganas y mi motivación fueron en aumento. Pese a las reiteradas caídas que sufrí en el último tramo de la etapa debido al cansancio y a las muchas horas que llevaba sobre la bicicleta, fui completando kilómetro tras kilómetro hasta que pude llegar a meta y tratarme con los fisioterapeutas.

Lo cierto es que durante toda la jornada no había pensado en ningún momento en el tiempo que me estaba llevando completar la ruta, pero al acabar y ver el cronómetro, y observar que había completado la etapa en nueve horas y cuarto, me dio una gran alegría y satisfacción. Sabía que en ese punto comenzaba una nueva carrera para mí, y que nada me podría parar.

Tengo muy marcado un recuerdo de aquel día. A mitad de la etapa, entramos en un extenso tramo de arena. Al final de ese desierto había una montaña muy grande, mirases donde mirases solo se veía esa gran montaña. Gracias al *roadbook*, sabíamos que teníamos que llegar a su base, completando así hasta ese punto cien kilómetros, quedando aún por delante otros treinta kilómetros de arena para llegar a meta. Sin duda este gran tramo ha sido una de las pruebas más duras a las que me he tenido que afrontar en mi vida deportiva, y es que, por mucho que avanzaba, la montaña nunca se acercaba. Tenía que conservar la idea y las ganas de levantarme siempre una vez más de las que me caía en la arena, debido a la dificultad de pedalear sobre la misma, además de intentar trazar el camino por ella, y viendo pasar los minutos y no así los kilómetros, no era fácil. En esta estepa pasé muchos momentos muy duros donde me encontré a otros ciclistas derrotados y sin poder avanzar, vencidos por el calor, el viento, la arena, y sobre todo la inalcanzable montaña que se veía en el horizonte.

Por todo ello, completar esta etapa me hizo comprender que si tienes una razón para luchar, no importa lo duro ni lo largo que sea o el tiempo que te lleve recorrer el camino, porque de una manera u otra tarde o temprano llegas allí a donde te has propuesto.

La cuarta etapa no la recuerdo significativamente, fue una jornada donde tuvimos que completar noventa y cinco kilómetros, y tras pedalear durante siete horas y quince minutos llegue a la meta con muy buenas sensaciones. Todo comenzaba a ir bien, y yo me encontraba muy cómodo en la bicicleta sobre la arena trazando los caminos. Esta cuarta etapa fue una especie de transición, la ruta en sí era fácil, y excepto el final, en el que tuvimos que cruzar varios kilómetros de arena muy fina llamada fes-fes que cubría las irregularidades del terreno, que no dejaba ver lo que había debajo, complicando las trazadas de las ruedas, era una etapa muy rodadora. Podían mantenerse unas velocidades muy altas, y la ausencia del viento facilitaba mucho el recorrido.

Aun así, en una parte de la carrera donde atravesamos un salar, debido al calor varios corredores que en ese momento iban conmigo y yo mismo sufrimos varios espejismos. Nos imaginábamos ver un lago en la distancia, un lago que era provocado por el reflejo del sol en el salar, un lago que nos hacía sentir una sensación de calor y de sed aún mayor.

Ese día recuerdo que aproveche y disfrute más del campamento donde esa noche nos quedamos, preparando la bicicleta y realizando el masaje con mi fisioterapeuta antes de alimentarme bien e ir a dormir.

La quinta etapa la recuerdo con especial cariño, fue una etapa donde me encontré muy bien y pude correr todo lo que quise, pese al fuerte viento que nos azotó durante todo el trayecto, no cedí ni un kilómetro en mi lucha contra la ventisca, y en ningún momento me rendí. Fui avanzando adelantando a otros corredores y amigos, que se quedaban perplejos al verme pasar en ese punto, y tanto ellos como yo mismo, nos quedamos sorprendidos por mi rendimiento al llegar a meta tras completar los ciento quince kilómetros en siete horas y media por el desierto.

En esta etapa teníamos que recorrer varios kilómetros por un cordón de dunas del desierto de Merzouga. Fueron momentos verdaderamente mágicos donde el verme totalmente solo y perdido en mitad de ninguna parte me hizo comprender lo grande que podía llegar a ser si trabajaba duro en lo que quería, y me mostró el gran recorrido que hay que hacer en muchas ocasiones, pese a que veamos el objetivo tan cerca y que vale la pena hacerlo.

De esta etapa tengo una marca imborrable en mi cuerpo. "Guardo" unas cicatrices debido al roce producido por toda la arena que se me introdujo en los zapatos en el cordón de dunas. En el momento, con la adrenalina y las ganas a tope, no pare a quitármela y seguí adelante, convencido y decidido en ser mejor que yo mismo.

Al día siguiente tras pasar una noche bajo una tormenta de arena muy fuerte, nos predisponíamos a levantarnos para afrontar la última etapa de la *titan desert*, sin duda una de las cosas que más me llamó la atención al salir de la jaima cada mañana, era ver como todas habían resistido los fuertes vendavales que solían azotarnos cada noche sin verse afectadas en nada. Atónito contemplaba como lo que parecía lo más simple podía ser lo más resistente del mundo.

La última etapa constaba sólo de sesenta kilómetros. A priori la organización había diseñado un trazado de poca dificultad en especial homenaje a todos los que seguíamos en carrera, a semejanza del paseo por los Campos Elíseos en el Tour de Francia, algo fácil y sencillo. Ni mucho menos lo fue. El fuerte viento que durante los días anteriores nos estuvo azotando con fuerza, ese día nos quería dar la despedida con su mejor golpe, y sin cesar, durante las cuatro horas y media que me llevó completar la etapa, estuvo dificultando cada kilómetro, cada pedalada, pero lo cierto, es que llegado a ese punto, la verdad es que poco importaba que todo saliera mal, porque desde el minuto uno, no sólo yo, sino todos sabíamos que íbamos a llegar aunque fuese andando.

En mi memoria está grabado cada minuto de ese día. Indescriptible la abrumadora y fantástica alegría que sentí al cruzar la meta, tras completar más de seiscientos kilómetros por el desierto. Recuerdo la gran satisfacción que sentí por saber que había vencido día a día todas las adversidades que en mi camino habían aparecido durante los seis días de carrera, y sobre todo recuerdo la inmensa felicidad que sentí al ver que todo el trabajo que había hecho, todas las horas que había sacrificado, y todo a lo que había renunciado durante los meses previos a la preparación, habían valido la pena. **Que sin duda, haber confiado en mí mismo, y no haber hecho caso a toda esa gente tóxica que te rodea intentando impedir que consigas tus objetivos, había valido la pena.** Porque si de una cosa estaba seguro, es que desde que me había comprometido conmigo mismo con este objetivo el primer día que comencé a entrenarme en mi bicicleta en mi tierra, estaba dispuesto a pagar el precio necesario para conseguirlo, y día a día trabajé para lograrlo y hacerlo realidad, esforzándome en cada pequeño detalle por seguir adelante.

Sin duda, la *Titan Desert* me redefinió como deportista. En aquel momento no sabía dónde iba a poder acabar, pero sabía que si estaba convencido y motivado, no habría quien me parara, y que de una manera u otra, tarde o temprano acabaría consiguiendo todo aquello que me hubiese propuesto. Porque la razón por la que nos caemos es para aprender a levantarnos con más fuerza una y otra vez, pese a las circunstancias, a los problemas y a toda la gente que te dice que no es posible y que no puedes, resistiendo, avanzando y cruzando tus propias fronteras invisibles, porque lo sabes, porque crees en ello, porque puedes vivir momentos extraordinarios si te levantas. Porque si yo no me hubiese levantado cuando sufrí mi peor momento deportivo, enfrentándome a las circunstancias, a los problemas y a toda esa gente tóxica que me rodeaba, sin creer que yo podía resistir y avanzar superando mis propias barreras, no habría vivido momentos extraordinarios rodeado de fantásticas personas.

Por eso, cree en ti, tú puedes, tú puedes levantarte con más fuerza otra vez.

Se nos conoce por nuestros actos

Toda mi vida he sido una persona a la que le ha gustado cuestionarse todo, y que siempre en cualquier momento de su vida, pese a poder tenerla encarrilada, se ha preguntado muchas cosas. Pero existe una que siempre se ha repetido año tras año, desde que era muy pequeño, y que a día de hoy aún se repite. Es la siguiente: ¿qué quiero? Porque a pesar de ser una persona a la que le gusta tenerlo todo planeado y con unas rutinas muy marcadas, nunca me ha gustado seguir lo que socialmente parece lo correcto, hacer lo que hay que hacer porque es así y todo el mundo lo hace en la misma dirección. Nunca he creído en lo que dicen que es el escenario perfecto, es decir, estudiar, hacer una carrera, buscar un trabajo y estar toda la vida en él aunque no te guste, y que no se puede cambiar. En resumen, que tienes que ser un robot moldeado por la sociedad, porque si no haces eso, tu vida será una ruina, no encajarás y serás el marginado por querer perseguir tu sueño.

Desde que tengo memoria, recuerdo que mi idea era hacer algo que me gustase, y pese a no conseguirlo en muchas ocasiones, e ir variando mis gustos y objetivos, siempre quise ser feliz haciendo lo que me apasionara, y tras regresar del desierto y haber pasado unos meses después de conseguir completar la *Titan Desert*, algo en mí estaba cambiando. Notaba que tenía más ganas de vivir que nunca y que esas ideas que desde pequeño rondaban mi cabeza, pero que no acababa de dejar florecer por estar sometido a la presión de la sociedad de todo lo que veía a mi alrededor, sin duda, esas ideas estaban cobrando fuerza. Por primera vez me sentía con ganas y energía de ver qué pasaba si creía en mí, si confiaba en todo el potencial que podía sacar, porque al final se nos conoce por nuestros actos, no por nuestros resultados.

El paso de los años y las experiencias que había vivido me habían cambiado, y poco a poco me habían demostrado cómo con trabajo, esfuerzo, constancia y sacrificio podía pelear por lo que quería, por lo que soñaba conseguir hasta llegar a conseguirlo.

Estaba en una nueva época de mi vida, completar la *Titan Desert* me había redefinido como deportista, y con veinticinco años creía que me comería el mundo, creía que nada podría pararme si estaba realmente motivado.

Recuerdo que por aquel entonces comencé a buscar nuevos retos, tanto deportivos como personales, y no mucho tiempo después de mi regreso del desierto, y tras incorporarme de nuevo a mi trabajo, comencé a entrenar otra vez, sin ningún objetivo, pero con muchas ganas de seguir superándome, de tal manera que me mantenía activo realizando cualquier tipo de deporte.

Al poco tiempo, la organización de una prueba de triatlón se puso en contacto conmigo. Me invitaban a participar en una distancia *Ironman* que se celebraba a finales de ese mismo año en Barcelona. Las distancias *Ironman* en el mundo del triatlón se basan en tener que completar tres secciones seguidas con un límite de tiempo. En la primera sección hay que nadar una distancia de tres kilómetros ochenta y seis metros, una vez se haya salido del agua y tras realizar una transición donde el deportista se cambia y se prepara para subir a la bicicleta, hay que pedalear durante ciento ochenta kilómetros, para acabar realizando una carrera a pie de cuarenta y dos kilómetros y veinte metros, completando así una maratón, con un tiempo máximo de dieciséis o diecisiete horas, dependiendo de la prueba en cuestión.

Recuerdo aquella conversación como si fuera ayer. El director de la prueba me preguntó si quería participar y si estaba preparado, yo le dije que no estaba preparado, sabía que no estaba preparado en ese momento, pero sabía que podía estarlo, por eso le contesté que sí, que quería participar, y que haría lo que estuviese en mi mano para conseguir prepararme para la fecha señalada.

Nada más colgar el teléfono, comencé a pensar en todo lo que tendría que hacer ese día en la prueba, y todo lo que tendría que entrenar para conseguirlo en los cuatro meses que quedaban para la celebración de la carrera.

En aquel momento no sabía nadar, si sabía no ahogarme y mantenerme a flote, pero no sabía nadar avanzando en el agua, y ni tan siquiera tenía neopreno, que es un traje que, por norma general, es obligatorio para pruebas de estas distancias, aunque puede variar la obligación de llevarlo o no llevarlo, según la temperatura del agua. Durante esos días y los siguientes meses sentí mucha angustia por fantasmas del pasado, ya que desde la noche del accidente no me había metido en el agua más que cuando remaba, sólo cuando nos montábamos en el barco, antes y después del entrenamiento.

El tema de la bicicleta también era un problema, pese a llevar un año preparándome en la bicicleta de montaña para cruzar el desierto, nunca había montado en una bicicleta de carretera, y ni mucho menos tenía una para poder probar y entrenar.

En cuanto a la maratón, no era un tema que me preocupase mucho, pese a llevar varios años sin poder correr debido a las preparaciones de remo, tiro con arco y bicicleta de montaña, sabía que, a pesar de que nunca había sido buen corredor, y que no era una cosa que me motivase mucho, intuía que si llegaba ese momento de afrontar la maratón, acabaría aunque fuese andando.

Una vez más llegaba a otra encrucijada en mi vida, no sabía cómo iba a acabar, o si tan siquiera si sería capaz de lograrlo, pero sí sabía cómo comenzar, porque sabía que sólo de mí dependía dar el primer paso en este nuevo camino totalmente desconocido para mí.

Durante los siguientes meses comencé a trabajar en este nuevo gran reto. Nunca había participado en un triatlón, y tampoco sabía cómo iba a reaccionar en el agua, tenía muchas dudas e incógnitas, pero había que dar el primer paso, había que comenzar.

Una de las primeras cosas que hice fue una planificación del material que necesitaría, y de los entrenamientos que tendría que llevar a cabo para lograr los objetivos y las fechas.

Tanto esa preparación como las posteriores que precedieron ese momento, las planifique yo mismo. Durante años había observado mucho y me había empapado de todo lo aprendido, y nadie mejor que yo mismo me conocía para saber lo que estaba dispuesto a esforzarme cada día para exigirlo y conseguirlo, por eso gracias a todos los conocimientos que tenía del deporte y de mí, me diseñé en cada momento los entrenamientos que tenía que realizar, amoldándome al trabajo y a los tiempos en cada momento.

Lo primero que hice fue adquirir una bicicleta de carretera y un neopreno, tuve que invertir una gran cantidad de dinero para conseguirlo todo, pero sabía que valdría la pena, y estaba convencido de ello. No puede optar a lo mejor ya que mi presupuesto era limitado, pero si pude acceder a lo que me iba ayudar en ese momento a afrontar las diferentes secciones de la carrera.

Lo peor, durante toda la preparación fue la natación. Con la bicicleta nueva de carretera, pese a que no tenía demasiada estabilidad sobre ella y que me faltaban muchos kilómetros por recorrer, sabía que, día tras día, subiéndome a ella una y otra vez, podría conseguirlo, podría encontrar el punto de equilibrio. Corriendo me dolía todo ya que a lo máximo que estaba acostumbrado era a correr seis o siete kilómetros. Sabía que llegado el momento si era necesario caminar, caminaría hasta llegar al final, pero sin duda lo peor fue enfrentarme al agua, enfrentarme al agua en cada entrenamiento y el día de la prueba.

El peor momento de todos fue el primer día que fui a nadar a la piscina, me acuerdo que me quedé congelado y paralizado, sentado al borde de la piscina, intentando una y otra vez nadar, sin conseguir avanzar unos metros antes de volver al borde, dos o tres antes de volver a salir. Cada vez que sumergía la cabeza, me venían muchos recuerdos de esa noche en la que me zambullí de cabeza, en ese segundo donde toda mi vida cambió, y angustiado sacaba rápidamente la cabeza del agua para respirar de nuevo. En esos momentos me imaginaba otra vez esa situación, y escuchaba como retumbaban en mi cabeza las palabras **"voy a morir", "voy a morir",** y un escalofrío recorría mi cuerpo y me paralizaba una y otra vez.

Pase cerca de una hora al borde de la piscina escuchando de nuevo mis propios gritos, los gritos de esa noche, y pensando y pensando en aquel instante eterno, finalmente abatido y superado por la situación, me fui para casa sin haber hecho nada.

En esos momentos la impotencia y la frustración eran muy grandes en mí, yo quería realizar el *Ironman*, pero completar la parte de la natación parecía que se volvía una quimera imposible de conseguir. Si ni tan siquiera era capaz de entrar en la piscina **¿cómo podría cruzar más de tres kilómetros en mar abierto yo solo**?

Lo cierto es que no habían pasado ni dos meses desde que creía que me comería el mundo y que nada podría pararme tras cruzar el desierto en bicicleta, cuando me daba cuenta de que estaba frente a una piscina sin ser capaz de meterme en ella, y me preguntaba: ¿Qué había sido de mi fortaleza? ¿Dónde quedaban mis ganas y mi fuerza? ¿Eso era todo lo que tenía? ¿Me iba a rendir?

Durante los siguientes días dejé de montar en la bicicleta y de correr, eso ya no importaba, porque si no podía nadar, todo lo demás ya no importaba. Todos los días iba a la piscina a intentar nadar, yo estaba convencido y motivado para participar en el *Ironman*, y por ello no quería pararme ni yo mismo. No quería creerme mi propia mentira de que no podría lograrlo, y sabía que tenía que seguir intentándolo cada día hasta conseguirlo. Y así fue como un día, tras llevar dos semanas intentándolo, día tras día, lo conseguí. Tras dos semanas acudiendo a la misma piscina para intentar nadar, y acabar sentándome en el borde contemplando el agua durante una hora antes de irme abatido y paralizado por la situación, lo conseguí, pude nadar cien metros antes de irme de nuevo a mi casa, esta vez con la cabeza bien alta.

Ese momento fue un antes y un después, si que es cierto que sólo fueron cien metros, pero desde ese momento habría un antes y un después, desde ese instante cada día acudía a la piscina a nadar, y volvía a pedalear y correr, porque en ese momento se había superado un gran detalle que marcaría el devenir de las cosas.

Durante los siguientes meses, cada tarde, después de salir de trabajar entrenaba de dos a cuatro horas todos los días, de lunes a domingo nadaba, pedaleaba y corría todo lo necesario y lo que podía compaginando todo ese esfuerzo con mi trabajo, con mis amigos y mi familia. Cada día aprendía cosas nuevas sobre mí mismo, de la lesión y de la modalidad que ese día me tocara entrenar, porque, en esa situación, todo era novedad.

Al poco tiempo de llevar ya nadando varios kilómetros acumulados en la piscina, llegó el momento de salir a nadar en el mar con el neopreno puesto. Tenía que enfrentarme a las olas, al viento y a las corrientes, y pese a que en un primer momento pensé que iba a ser complicado y que me resultaría un trastorno, el hecho de haber realizado un trabajo tan grande en la piscina, me había facilitado mucho el trabajo. Gracias a los años anteriores como remero, era cierto que tenía mucho respeto al mar porque sabía la fuerza que podía mostrar, y era cierto que por momentos sentía temor, pero me encontraba bien, y estaba a gusto metido en el agua. Quitando momentos puntuales, en los cuales, al estar solo en el agua y ver el fondo todo oscuro y profundo escuchaba en mi cabeza la famosa canción de la película Tiburón, que hacía que mirase hacía todos lados y nadara más rápido para salir del agua. Era ahí donde lo pasaba algo peor, por lo demás siempre mantenía la calma si tenía a alguien cerca conmigo entrenando y ya siempre acababa cada entrenamiento.

"Aun así, a día de hoy, cada vez que entro en una piscina o en el mar, un escalofrío recorre mi cuerpo, y muchos pensamientos y angustias bombardean mi cabeza. Cada vez que entro de nuevo en el mar es una lucha, pero la constancia hace que salga victorioso"

Tras todos los entrenamientos que ya había completado también con la bicicleta, ya sabía que a la hora de pedalear toda la fuerza la realizaba con mi pierna derecha, ya que debido a las secuelas de la lesión, mi pierna izquierda era más una compañera de viaje en esas situaciones que un pilar fiable en el que confiar y empujar. A la hora de correr, pese a saber y conocer perfectamente la técnica de la mano de Chema Martínez, no podía aplicarla como era debido y por eso tenía que correr a pasos muy cortos y talonando mucho, porque una vez más mi pierna izquierda, más débil que la derecha, solo me servía de apoyo, y la falta de coordinación y de sensibilidad, podía hacer que en un paso demasiado amplio me fuese al suelo sin ni siquiera darme cuenta y hacer nada para evitarlo. Pero no fue hasta que empecé a nadar en el mar, donde vi mi mayor problema y el que más me dificultaría poder acabar la prueba Algo que condicionó toda mi preparación, e incluso el día de la prueba justo antes de entrar en el agua no sabía si saldría a tiempo o si conseguiría completar ese primer tramo. El gran enemigo que estaba descubriendo era mi espasticidad en determinados músculos.

Desde el accidente ya había vivido situaciones donde la mano y el brazo se me habían contraído sobre sí mismos en más de una ocasión. En más de una ocasión mi espasticidad hacía aparición al cabo de mucho tiempo realizando un trabajo o ejercicio, interfiriendo así en diferentes acciones que en ese momento estuviera realizando, pero no fue hasta empezar a nadar en el mar cuando comprobé cómo debido al frío, la espasticidad aparecía a los pocos minutos de comenzar a estar en el agua. Este nuevo descubrimiento dificultaba mucho las cosas, ya que no era capaz de nadar más de veinte minutos en el agua del mar por la baja temperatura del agua, sin que la mano se me cerrase como un puño, y sin que al cabo de un pequeño rato, pudiese hacer nada para impedir que mi brazo también se me contrajera, impidiéndome así realizar técnica y fuerza en el agua para avanzar, dejándome reaccionar sólo con el brazo derecho y las piernas.

Los siguientes meses fueron muy duros, me quedaba poco tiempo y mucho trabajo por delante. Estábamos en pleno verano y la temperatura del mar era algo más agradable, pero incluso así no conseguía nadar un tiempo prolongado de manera normal, ni mucho menos era capaz de bracear la distancia requerida de la prueba. Iba casi todos los días al mar a nadar la distancia que fuese, llegaba a la playa, y tras colocarme el neopreno me metía en el agua y nadaba y nadaba hasta que llegaba al momento crítico donde mi brazo me dominaba, y siempre en todos los casos me quedaba unos minutos más, peleando y entrenando esa situación para evolucionarla e ir cambiándola para la siguiente vez. Fue así como fui consiguiendo poco a poco alargar el periodo que aguantaba en el agua, así, la distancia que recorría era más grande también. Pero mi tiempo se agotaba y la prueba ya estaba al caer ,y yo no sabía si sería capaz de completar la parte del agua, y si no era capaz de terminar el sector de la natación, ¿qué sentido tenía entrenar la bicicleta y la carrera a pie, si a lo mejor no podría ni siquiera realizar dichos sectores?

Durante toda la preparación le decía a la gente que si salía a tiempo del agua y podía seguir, que ya me podían esperar al final en la meta, porque completaría el resto de sectores de ciclismo y carrera a pie, para completar la prueba, el agua, sin duda, era la parte que más me preocupaba en ese momento, en esos instantes el agua condicionaba mucho mi trabajo y mis esfuerzos por seguir, y hacía que tuviese constantemente pensamientos sobre el tema.

A falta de un mes para la prueba, comenzaba mi tiempo de vacaciones laborales, y la primera semana de ese mes de vacaciones, todavía con muchas dudas e incertidumbres, volví a montarme en mi bicicleta de montaña y puse una vez más rumbo a Santiago, a cumplir de nuevo mi promesa, a pensar y recapacitar lo que estaba haciendo a lo largo del Camino, a buscar las fuerzas necesarias para afrontar la recta final de la prueba.

Una vez más el Camino y su magia no me defraudaron, y pude regresar de él con más ganas, más fuerza y sobre todo más confianza para afrontar el poco tiempo que me quedaba antes de la prueba, antes de ponerme en la línea de salida del *Ironman*. El Camino de Santiago me había enseñado otra magnífica lección para afrontar lo que vendría.

Agotados los meses de preparación y con los deberes hechos, puse rumbo a Barcelona para competir en la prueba. Todo era nuevo, nunca había participado en ningún triatlón, ni mucho menos había realizado la logística que una carrera de estas características requiere. Con el añadido de viajar, ya que tienes que llevar todo el material que necesites, y no se te puede olvidar nada de lo que necesitarás para nadar, pedalear y correr.

Estaba nervioso, me sentía muy inquieto. Los dos días anteriores a la prueba no conseguí dormir nada. Tenía muchas ganas de empezar y ver lo que pasaba, pero a la vez sentía pánico de no salir del agua a tiempo y no conseguir completar el *Ironman*, fallándome a mí y a toda la gente que me apoyaba en ese momento, estando tan lejos de casa.

El tiempo máximo de corte en la sección de natación era de dos horas, y yo, hasta ese momento, venía haciendo entrenamientos de una hora cincuenta minutos aquellos días en los que me encontraba bien y donde todo iba perfecto. Completaba más de dos horas en otras jornadas donde no todo era perfecto y algo fallaba, haciendo así que estuviese en la cuerda floja de pasar el tiempo de corte y poder optar así a continuar la carrera.

No sabía lo que iba a pasar, o si estaba todo lo preparado que necesitaba para una carrera de esas condiciones, pero sí sabía todo el trabajo que había hecho, y pese al escaso tiempo del que dispuse, confiaba en todo lo que me había preparado y comprometido para conseguirlo. Sabía que había hecho todo lo que estaba en mi mano, y pasara lo que pasara, comprendía que tenía que estar muy orgulloso de todo el camino recorrido hasta ese momento. Ya no había vuelta atrás, faltaban pocas horas para comenzar la batalla, y sólo resistirían los más valientes hasta el final.

El día anterior a la prueba hubo que preparar todo el material, pasar los distintos controles para retirar los dorsales y las acreditaciones, además de pasar por las diferentes verificaciones de material y demás ante los jueces. En las zonas de transición donde nos íbamos a cambiar cuando nos tocara cambiar de modalidad, se podía percibir en el ambiente los nervios y las ganas de todos los competidores por empezar. Sin mucho tiempo para más, sintiendo que ese día se me había pasado en una hora, cayó la noche y, tras una buena cena, era hora de dormir y concentrarse para el gran reto.

La mañana siguiente me desperté mucho antes de que sonase el despertador. No había conseguido dormir mucho y estaba intranquilo. La noche anterior, desde la terraza de la habitación había visto el fuerte oleaje del mar, y no estaba seguro si podría enfrentarme a esas grandes olas que desde el abrigo de mi habitación había visto, y estaba muy nervioso. Tras preparar todo el material y la equipación, me dirigí a la salida y me posicioné entre los demás compañeros de mi categoría. No sabía qué hacía allí, no sabía si podría, y ni mucho menos sabía si lo conseguiría, pero sabía que si salía del agua a tiempo acabaría la carrera. Era el momento para no pensar, era el momento de relajarse y aplicar todo el trabajo que había hecho hasta el momento, en ese instante ya no podía pensar, era el momento para actuar.

En un precioso amanecer, con una fotografía del mar perfecto y cristalino, y con una ola grande pero muy redonda y limpia, se dio paso a la señal de salida. Mientras todos los demás competidores me pasaban corriendo con dirección a la orilla, yo, con calma pero decidido, me dirigí hacia el agua caminando y comencé a nadar visualizando todo, sabiendo que tenía que hacer mi carrera, que era mi *Ironman*, y que todo lo que allí pasase dependía solo de mí.

Desde el primer momento sentí como luchaba contra una fuerte corriente, sentía una presión muy grande por verme rodeado de tanta gente, cuando hasta el momento siempre había entrenado con unos pocos compañeros. Era el momento, había que mantener la calma y controlar la espasticidad en mi brazo izquierdo, me sentía bien y las sensaciones eran buenas. Tenía que mantener la concentración y seguir mi propio rumbo sin importar la dirección que tomaban los demás participantes en la distancia. Poco a poco fui pasando los primeros giros y avanzando en el circuito marcado, siempre con la corriente en contra pero nunca cediendo un metro de los que avanzaba. Tuve momentos de confusión, donde al verme lejos de los demás, nadando entre unos pocos, dudaba si yo estaba en el buen camino. Por eso, en esos momentos, paraba de nadar, me quitaba las gafas y visualizaba el siguiente objetivo que tenía que pasar, observaba donde estaba la siguiente boya antes de proseguir nadando. Poco a poco iba recorriendo los kilómetros, en mi cabeza sólo tenía una idea, quería llegar a la orilla, veía que era capaz, confiaba en que sería posible, tenía que hacer que fuese posible, lo demás no importaba, solo importaba nadar y nadar.

Cuando ya estaba a punto de completar el último tramo, realicé el giro final y visualicé la orilla. No me lo podía creer, estaba a unos metros de pisar la arena, y estaba convencido de que lo hacía antes de las dos horas de corte para poder seguir dentro de carrera.

En ese momento no era consciente de los acontecimientos que me esperaban nada más pisar la playa.

Al llegar a la orilla me quedé paralizado, no me podía creer lo que había hecho, había superado el tramo del agua, había superado mi gran temor, y al mirar el cronómetro descubría como lo había hecho en un tiempo nuevo para mí, en un tiempo que nunca antes había marcado. Había llegado a la playa en una hora y media tras haber completado los tres kilómetros ochenta y seis metros, algo totalmente impensable para mí cuando horas antes me disponía a meterme en el agua. Estaba emocionado, impresionado y paralizado. Me quedé quieto, allí estaba, de pie en la orilla de la playa recapacitando y pensando cómo había vencido mi gran temor, aún me quedaba todo el resto de la carrera por delante, pero ya había completado lo que pensaba que era improbable. Allí estaba, inmóvil como una estatua, hasta que desde lejos escuché unos gritos: **"¡Victor! ¡Siiii! ¡Victor! ¡Siiii! ¡Lo has hecho!** Los ánimos me hicieron reaccionar y comencé a correr a la zona donde se hacían las transiciones a la bicicleta gritando: **"¡Vamos, vamos!" "Esperadme en meta que lo consigo, esto ya está, sí puedo!"**

Comenzaba el sector de la bicicleta, por delante tenía que completar ciento ochenta kilómetros antes de enfrentarme a la maratón, pero estaba convencido y tenía todas las ganas del mundo de completar la carrera.

Durante toda la etapa comí y bebí tal y como lo había planeado, algo que marcó la diferencia para poder llegar al final de la manera también en que lo hice, sin dolores y encontrándome muy fuerte físicamente.

Los kilómetros iban pasando y todo marchaba según lo planeado, y pese que hasta en dos ocasiones sufrimos un diluvio acompañado de un fuerte viento que dificultó mucho la situación, sabía que nada me iba a impedir conseguir completar mi sueño.

Tras seis horas y media pedaleando sin descanso, completé los ciento ochenta kilómetros llegando al final del sector de la bicicleta. Una vez más entraba en la carpa para realizar la transición a correr, en ese momento no me importaba el tiempo que estaba tardando en cambiarme, en ese momento quería tomármelo con calma y disfrutar de cada momento del camino, tal y como aprendiera de las experiencias de mis caminos de Santiago.

Cuando comencé a correr hice un trato conmigo mismo. Mantener un ritmo constante e intentar no andar más que en las zonas donde podíamos beber y comer, siendo regular hasta el final. Lo cierto es que durante los meses de preparación ya sabía y tenía asumido que si salía del agua dentro del tiempo de corte, en el tramo que más sufriría sería en la carrera a pie debido al escaso tiempo de preparación que tuve los meses anteriores. Debido a todo el trabajo sobre la bicicleta, y debido sobre todo al esfuerzo que había hecho nadando, sólo pude dedicarle un par de días a la semana a la modalidad de correr. Para compensarlo, siempre que salía a correr lo hacía mirando los kilómetros y no el tiempo, intentando así acostumbrar al cuerpo al impacto a lo largo de todos esos kilómetros, pero aun así, la realidad era que no tenía muchos kilómetros acumulados. No obstante, sabía que aunque esta carrera la corría con los pies, la que me llevaría sería mi cabeza y el que haría que terminase la prueba en los instantes que no pudiera más, sería mi corazón.

Durante varias horas estuve corriendo, y pese a que se nos hizo de noche, y que en el tramo final otra tromba de agua hizo acto de presencia, haciendo que el momento de cruzar la meta se volviese más épico si cabe, pude, tras cinco horas corriendo, lograr completar los cuarenta y dos kilómetros y doscientos metros que me quedaban para acabar la prueba.

De este modo fue como al final del día, y tras trece horas y media sin parar, pude completar lo que era mi primer *Ironman*, lo que hasta el momento había sido también mi primer triatlón y mi primera maratón. Sin duda, cada segundo de sufrimiento había valido la pena por colgarme esa medalla. Había sido una experiencia muy grande, ya no sólo el objetivo final, sino todo el camino hasta llegar a ese punto. En ese momento más que nunca creía que todo era posible, y pese a las dudas iniciales, el hecho de no abandonar cuando no era capaz de nadar, estando horas y horas al borde de la piscina, me había demostrado que si haces lo que tienes que hacer y trabajas en ello porque quieres y porque crees en ti, cuando llegue el momento podrás, porque quieres, porque sabes que hiciste lo que tenías que hacer para estar en ese momento, día tras día, esforzándote, trabajando los detalles, y dejando de lado a toda la gente que te decía que no podrías, que no lo conseguirías.

Porque una de las máximas en la vida es que si crees en ello, y crees en ti, puedes, y si puedes, harás todo lo que este en tu mano para conseguirlo, porque todo es empezar a recorrer la senda, porque al final se nos conoce por nuestros actos, por el camino que recorremos, y no por nuestros resultados.

Con simples palabras, ciertos momentos de belleza, de desolación, de alegría y sufrimiento están más allá de las palabras. Hay cosas que no puedo explicar con palabras, cosas como que en esos momentos me sentí más vivo que nunca, sentimientos como el coraje y el compromiso que te definen como persona en los buenos y malos momentos, sensaciones como abrazar a la persona que quieres al lograr tu objetivo, momentos de tensión y nerviosismo a lo largo de las horas y de los diferentes momentos que vas viviendo y experimentando, o la incertidumbre de no saber lo que va a pasar, de no saber que, pese a todo lo que has hecho, igual no lo consigues, de que, a pesar de haber entrenado mucho, de tener todo atado y de que te comprometiste con la causa, hay cosas que no podemos controlar.

Quizás por todo eso nuestras vidas se componen de recuerdos. Recuerdos congelados en el tiempo para siempre y que no debemos olvidar, recuerdos que nos impulsan y nos hablan de lo que somos capaces en los peores momentos, para verte en sitios que nunca antes habías imaginado, recordando cada segundo lo hermoso que es luchar por lo que quieres hasta el final, de sufrir cada segundo disfrutando de cada momento, haciendo algo épico, algo mágico de toda tu historia en cada momento. Recuerdos que nadie te puede arrebatar.

Al final de ese año todos los objetivos se habían cumplido, mi vida volvía a estar de nuevo en un punto de comienzo, y era hora de emprender una vez más un nuevo camino hacia mis motivaciones. Volví a montarme en mi bicicleta de montaña, y por segunda vez en ese año, puse rumbo a Santiago peregrinando una vez más, esta vez por el camino francés, buscando mi inspiración.

El gran mes Tasende

El año anterior había sido extraordinario, pero quería más. Para bien o para mal nunca he sido una persona conformista, siempre he querido más y más. Creo que es por esta razón la que me ha permitido vivir experiencias que de otra manera nunca hubiese vivido.

Tras regresar del Camino de Santiago una idea comenzó a rondar mi cabeza, Quería participar en otra prueba, en otro triatlón, pero esta vez de más kilómetros y de tres días de competición, quería inscribirme en el *Ultraman*. Una prueba basa en nadar el primer día diez kilómetros y completar ciento cuarenta y cuatro kilómetros de bicicleta, el segundo día recorrer doscientos setenta y tres kilómetros de bicicleta, y el tercer y último día completar dos maratones seguidos con un total de ochenta y cuatro kilómetros, recorriendo una distancia total de quinientos quince kilómetros en tres días. Sabía que sería difícil, que era algo improbable pero no imposible, porque si de una cosa estaba seguro es que lo imposible sólo iba a tardar un poco más.

Durante los primeros meses de ese año comencé a buscar fechas que me viniesen bien para participar en dicha prueba y que no interfirieran en mi trabajo. Según pasaban los días veía también que el presupuesto necesario para acudir a la prueba iba a ser muy elevado y fuera de mi alcance en ese momento. De manera que, siendo realista, pero sin perder la ilusión, continué trabajando en todo lo necesario, ya que en ese momento no disponía de nada para poder acudir a esta prueba fuera de mi país. En mi mente solo tenía esa prueba, una y otra vez, solo pensaba en ella, y sí, es cierto, una y otra vez pensaba: **"si hace unos meses no sabía si podría completar los cuatro kilómetros del *Ironman* en el agua" ¿cómo nadaría diez para el Utraman?"** Es ahí donde aparecía la cuestión de ¿por qué lo hacía? Y es que en ese momento mi fijación era esa prueba, La incertidumbre de saber si podría completarla o no me hacía sentir vivo como las anteriores veces, conseguía que me levantase cada día con ilusión trabajando en algo que no sabía si iba a conseguir pese a todo mi esfuerzo.

Una mañana tuve que tomar una decisión. Las fechas para afrontar la prueba ese año me coincidían bien, y yo me sentía fuerte y preparado, pero no disponía del soporte necesario para acudir al evento, así que tuve que aparcar el proyecto y dejarlo para más adelante. No era un abandono, sino un tiempo muerto hasta que llegase el momento que pudiese afrontar el presupuesto y acudir a la prueba.

Desde ese momento comencé a pensar qué podría hacer y cómo podría compensar ese año de transición. Tenía veintiséis años, ya habían pasado nueve años desde mi accidente y tras todo el proceso de pruebas, retos y entrenamientos había conseguido un peso de unos sesenta y ocho kilos. Las secuelas de mi lesión, además, eran una motivación para seguir trabajando y entrenando cada día para mantenerlas a raya y seguir mejorando. Con esas ideas y razones, así fue como nació el gran mes Tasende.

Este mes se basaba en completar seis pruebas consecutivas fin de semana tras fin de semana, mientras yo seguía entrenando y trabajando. En la primera prueba tendría que completar una maratón completa en mi ciudad, a la siguiente semana tendría que volar a Barcelona para participar en la Wings For Life e inmediatamente volver a A Coruña para reincorporarme al trabajo. A los pocos días volver a volar a Lanzarote y correr el *Ironman* más mítico y más duro de los triatlones. Siete días después de mi regreso de las islas y de estar trabajando, tendría que correr un medio *Ironman* en mi ciudad, y si a esas alturas aún me quedasen fuerzas, tendría que en las siguientes dos semanas, afrontar una ultra de carretera de ciento treinta kilómetros, para acabar con otro triatlón distancia *Ironman* en mi tierra, en Galicia. Toda una demencia.

La idea principal de este mes era poder forzarme y probarme al límite semana tras semana, teniendo que viajar de una prueba a otra, manteniendo toda mi atención y esfuerzo en mi trabajo, no descuidando los entrenamientos, y compitiendo a mi máximo nivel cada fin de semana prueba tras prueba, llevando al extremo a mi físico y a mi cabeza, preparándome para unas futuras pruebas como el *Ultraman* o la Cape Epic.

Me preparé a conciencia con mucha ilusión, y disfrutando de todo el camino de una manera muy diferente a como había hecho hasta el momento. No sería hasta ya empezado el reto cuando lo pase mal, y tuve que reponerme a todo y a todos para continuar.

Tras todos esos entrenamientos y agotado el tiempo de preparación, comenzaba el gran mes Tasende. Y comenzaba una mañana de domingo en mi ciudad, A Coruña. Estaba ansioso por empezar y verme en mi casa rodeado de muchos amigos y conocidos, me motivaba mucho para afrontar los cuarenta y dos kilómetros doscientos metros de la maratón. Ese día disfruté mucho, y gracias a toda la gente que allí estaba animándome, y rodeado de buenos compañeros que cruzaron la meta también ese día, pude completar la carrera de una manera mucho mejor de lo que me imaginaba al empezar. Sabía que el trabajo estaba hecho y solo tenía que confiar en mí.

Durante el resto de esa semana trabajé y entrené esperando a que llegase el momento de volar a Barcelona para participar en la Wings For Life, sin duda esta prueba era la que más ilusión me hacía, a ella no iba con idea de competir, sino de participar y formar parte del gran fin social al que iba destinada la recaudación de las inscripciones de la carrera. Era una carrera única y nueva a nivel mundial organizada por la marca de bebidas *Redbull*. Tuve la suerte de ser embajador de la marca para este evento, y es que el fin social al que iba destinado era la búsqueda de mejoras en las lesiones medulares mediante la fundación Wings for life, "Alas para la vida".

El formato de carrera era único hasta el momento, ya que no teníamos una meta a la que llegar, sino que un coche nos perseguía a una determinada velocidad, que iba variando con el paso del tiempo, y nosotros los corredores teníamos que escapar del *catcher car* que nos seguía. Además, esta carrera se celebraba en treinta y cuatro países a la vez, en treinta y siete ciudades diferentes al mismo momento en diferentes franjas horarias. De esta manera el mundo entero se unió por una misma causa, y todos pudimos participar y disfrutar por todos y cada uno de ellos y de nosotros haciendo algo extraordinario y magnífico.

Para mí fue un honor formar parte de este proyecto, recuerdo con gran entusiasmo y satisfacción participar en este evento con todos los compañeros y amigos que allí estaban apoyando la causa. El *cátcher car* me alcanzó cuando acababa de cumplir la media maratón, a los veintidós kilómetros de la salida, dando por finalizada mi participación en la carrera. Aunque he de reconocer que el hecho de que la meta me persiguiera fue un tanto extraño a la par que motivante y único, fue un momento de gran alegría.

Al día siguiente de la carrera y tras despedirme de todos los compañeros y amigos de *Redbull*, regresé nuevamente a mi casa para reincorporarme de inmediato al trabajo y continuar mis entrenamientos en A Coruña.

Los siguientes días fueron en los que más nervios sentí en todo el mes Tasende. Al final de esa semana correría de nuevo un *Ironman*, esta vez en Lanzarote, el *Ironman* catalogado como más épico y duro por su perfil y condiciones climatológicas.

Me acuerdo que en el vuelo de camino a la isla me sentía con unas ganas muy grandes de empezar, porque sabía que era para la prueba que más me había preparado, y era la clave de todo el evento del gran mes Tasende. Me encontraba bien, sentía que estaba preparado físicamente y mentalmente, pero pocas horas después vería que todo eso cambiaba.

Sin duda, esa fue la medalla que más me costó colgar, y no por los golpes y el caos en el sector de la natación, ni por el viento huracanado que nos asoló durante todo el tramo de la bicicleta, y ni mucho menos por el calor insoportable que nos castigó durante la maratón, sino por tener que enfrentarme a una batalla constante conmigo mismo desde el kilómetro sesenta de la bicicleta para no abandonar, ante una secuela del accidente que allí se reprodujo y que hasta el momento muy pocas veces se había dado.

A esta prueba iba con una idea, una idea que fue la causante de que decidiera hacer este evento de seis pruebas consecutivas en poco más de un mes, y sin duda para mi sorpresa, esa pregunta encontró una respuesta en esta prueba.

Como siempre en una prueba de estas características todo comenzaba muy temprano, y casi sin haber dormido nada por los nervios, me dirigí a la salida después de haber revisado todo el material de las distintas transiciones como en anteriores ocasiones. Sin casi darnos cuenta sonaba la campana y la carrera comenzaba.

En la prueba de natación nadaba más tranquilo y calmado, puesto que meses antes me había demostrado a mí mismo que podía conseguir completar la distancia de los tres kilómetros ochocientos sesenta metros dentro del tiempo permitido. Aun así no fue un tramo agradable, el tiempo que allí estuve, recibí golpes por todas partes, el circuito era estrecho y a dos vueltas y la gente estaba agobiada y desorientada pasando unos sobre otros.

Cuando no eres rápido todos te quieren pasar pese a que no naden más rápido que tú y después tienes que volver a sobrepasarlos por donde no hay sitio.

Tras completar este sector daba comienzo la parte de la bicicleta, una parte donde sabía que podía encontrarme bien y aplicarme con todo lo que tenía, pero a los pocos kilómetros me daría cuenta que ese día no iba a ser así, ese día no iba a ser mi día.

Durante todo este tramo un fuerte viento nos dificulto mucho más el paso de los kilómetros de lo normal, a lo que se añadió un sutil y silencioso enemigo en la primeras subidas a las montañas, la calima. Hasta aproximadamente el kilómetro sesenta de este sector donde empecé a tener problemas de respiración, no me había dado cuenta de que las partículas de arena muy pequeñas en suspensión me estaban dificultando la respiración y acelerándome las pulsaciones. En ese momento comencé a tener serios problemas de respiración, y notaba como el diafragma me comprimía el pecho, y según incrementábamos la altitud en la montaña mi situación empeoraba, haciendo que me costase más y más respirar y pedalear.

Pese a saber que estaba más fuerte físicamente que en el anterior *Ironman*, no podía mantener el ritmo sin notar una subida muy rápida de las pulsaciones y un descontrol muy elevado en mi respiración, era momento de aflojar y resistir pensando en superar ese momento, y poder así aplicar lo que sabía que tenía dentro en el momento que me empezara a encontrar mejor, cuando despertase de esa pesadilla.

No fue hasta el kilómetro ciento veinte donde me empecé a encontrar mejor, durante esos sesenta kilómetros tuve que luchar mucho contra mi cabeza para no abandonar, para buscar esa razón por la que estaba allí y por la que quería acabar, me acuerdo que pese a no poder comer ni beber nada durante esos kilómetros, me obligué a comer y beber pensando en el momento en que pudiera volver a incrementar la velocidad, pudiera tener fuerzas y reservas para hacerlo, reservas y fuerzas que no tendría si no me mantenía hidratado y alimentado.

Poco a poco iba descontando los kilómetros para acabar ese sector, y según bajábamos de las montañas y llegábamos a la costa, volví a encontrarme mucho mejor y comencé a incrementar mi velocidad, podía respirar mejor y sentía mejor las piernas para pedalear.

Una vez que completé los ciento ochenta kilómetros, me bajé de la bicicleta para afrontar la maratón. Por delante tenía algo más de cuarenta y dos kilómetros y un margen por encima de las siete horas para completarlos.

Comencé a correr muy ilusionado y pensando en que ya estaba a pocas horas de acabar, tenía mucho margen y me encontraba bien. Creía que lo peor había pasado, pero fue entonces cuando a escasos cuatro kilómetros de comenzar a correr empecé a encontrarme realmente mal, y fue ahí en ese momento cuando una secuela rara del accidente hizo acto de presencia, y es que comencé a sufrir unos vértigos muy fuertes.

En ese punto, marcando el reloj las seis de la tarde, me puse a caminar. Todos mis planes habían cambiado, para mí ya no era una competición, para mí se había convertido en una supervivencia por intentar llegar antes de las doce de la noche y poder así completar la carrera.

A día de hoy, esta secuela la he sufrido en pocas ocasiones, pero los pocos episodios que he vivido con vértigos, fueron muy intensos, tanto que en varias ocasiones tuve que acostarme solo en la habitación, sin ruidos y con todo cerrado para reposar hasta que me pasara.

En ese momento y sin pensarlo mucho continué corriendo y calculando el ritmo que tenía que llevar para poder completar la carrera en el tiempo marcado, y poco a poco mirando al suelo las horas iban pasando y con ellas iban descendiendo los kilómetros. No fue hasta ya pasada la distancia de la media maratón, y en plena noche, cuando me empecé a encontrar mejor. Pude así incrementar el ritmo y correr más rápido, lo cierto es que al no hacer tanta calor ni haber tanta luz, mi percepción de profundidad era mejor, y yo veía los objetos más nítidos, pudiendo así pisar mejor y avanzar más, recuperando tiempo a los ritmos a los que estaba acostumbrado a correr.

Finalmente y a veinte minutos del cierre de control, cuando horas antes ni siquiera sabía si lo conseguiría, pude cruzar la meta y colgarme la medalla.

Esta es una de las medallas de las que más orgulloso estoy de haberme colgado en el cuello, aunque me hubiese llevado casi las diecisiete horas de la prueba. Fue la que más esfuerzo me ha costado, ya que tuve que sobreponerme, superarme y avanzar gestionando el tiempo y mi propia salud. Además de luchar constantemente con mi cabeza, que me decía, una y otra vez, que abandonase.

En esta prueba, con esta medalla, descubrí nuevos e importante valores, volví a recordar porque hago estos retos, y encontré respuesta a la pregunta inicial de ¿por qué lo hago? Y es que lo que me importa es superarme y sobreponerme a lo que venga, y poder compartirlo con la gente, y no lo hago por hacer un buen tiempo, eso para mí es secundario.

En esta carrera redefiní mi concepto de *Ironman*. Descubrí que era algo más que un tiempo, algo más que un cronómetro, que pese a poder algún día hacer un tiempo mejor, lo que realmente es importante y define a un *Ironman* es acabar, es sobreponerse a lo que te suceda, amoldarse a las diferentes situaciones que se dan y seguir, pelear y avanzar hasta el final, y saber que pese a que hay momentos malos y duros durante el proceso, puedes conseguirlo, puedes lograr tu objetivo, porque esa medalla ya es tuya desde el momento que te comprometes contigo mismo el primer día que emprendes el camino, y sabes que ese día sólo la recoges. **En el deporte como en la vida, todos podemos ser nuestro *Ironman* particular en busca de esa medalla, de ese objetivo.**

Tras este periplo por las islas, era hora de volar de nuevo para casa y seguir con mi trabajo y los entrenamientos. Tenía poco tiempo y restaban las horas para la siguiente prueba. Esta vez me tocaría enfrentarme a un medio *Ironman* en mi ciudad, en una prueba con distancias la mitad que largas que la del *Ironman*, pero igual de exigentes.

Me encontraba realmente cansado y mi idea para la carrera era la de ser cauto y reservar desde el principio, había pasado una dura semana en mis turnos laborales, y pese a todo el trabajo con mi fisioterapeuta, aún me notaba que no estaba bien del todo, pero pese a todo eso, en esta prueba, el apoyo de toda la ciudad, de todos mis compañeros y amigos, hizo que en el ecuador del gran reto, hiciera mi mejor carrera, de la mejor manera posible, y consiguiera mi mejor tiempo.

Esta prueba tenía varias peculiaridades ya que se celebraba en un circuito urbano y daba comienzo por la tarde. Por norma general estas pruebas tienen trazados llanos, en carreteras principales o en los extrarradios de las ciudades, teniendo así que afrontar pocos tramos de curvas o cambios de dirección. Normalmente también suelen empezar a primera hora de la mañana, donde las temperaturas son más agradables y la luz del sol acompaña a los corredores durante toda la carrera, pero esta en concreto se celebraba por medio de la ciudad de A Coruña, teniendo así que gestionar varios cambios de dirección y curvas cerradas, y daba comienzo a las tres y media de la tarde teniendo muchas posibilidades de acabar cruzando la meta de noche.

Para esta prueba pude dormir más horas de lo normal, pero tampoco demasiadas, porque debíamos preparar todo y comparecer en las reuniones técnicas antes de acabar de comprobar el material y dirigirnos al agua.

Tras no haber pasado ni siete días de la prueba de Lanzarote, mi idea para esta carrera era la de participar y disfrutar en mi ciudad, y si podía completar la carrera mejor que mejor, el mes estaba siendo muy largo, y aún me quedaban dos pruebas por afrontar. El hecho de no conseguirlo era una sombra alargada real que acechaba, y tenía que ser realista ante esa posible situación para intentar gestionarla lo mejor posible llegado el momento.

Era el momento, una nueva carrera daba comienzo, y sin pensarlo mucho comencé de nuevo a nadar rodeado de gente en un entorno en el cual años antes había pasado horas y horas remando. Las sensaciones que en ese momento tenía nadando eran buenas, y pese a la baja temperatura del agua y lo que eso me afectaba en el brazo y la pierna izquierda debido a la espasticidad, me sentía tranquilo. Metro a metro iba completando la distancia marcada por la organización, un total de un kilómetro y novecientos metros.

Sin darme cuenta estaba manteniendo un control mucho mayor en mi lado izquierdo de lo normal, el objetivo del gran mes Tasende estaba dando resultado, y yo estaba experimentando en mi cuerpo los cambios de las batallas que estaba ganando frente a mis secuelas.

Al final de ese primer sector teníamos que recorrer unos cuantos metros hasta llegar a las bicicletas. Ese escenario fue una de las imágenes que, hoy en día, guardo con más cariño, pues en ese paso teníamos que cruzar el puerto de la ciudad y entrar en la plaza mayor de la capital, donde está el ayuntamiento, y donde nos sentimos arropados por todos los gritos y ánimos de la gente que allí estaban esperando por nosotros. Escuchar mi nombre resonar por los altavoces de la plaza al entrar en la plaza es sin duda una de las mejores imágenes que tengo grabadas en la memoria.

Durante esa transición, mientras me cambiaba, me encontré a otro competidor muy nervioso y que repetía una y otra vez que lo iba a dejar. Comentaba que en el agua lo había pasado muy mal, pese a ser nadador, y que quería abandonar, que no veía que pudiera conseguirlo. Me acuerdo que me paré, y tranquilamente charlé unos minutos con él para animarle antes de proseguir con mi carrera. Lo cierto es que en ese momento podría haber seguido mi carrera, pero sabía que si no intentaba animarlo me sentiría mal conmigo mismo el resto de la carrera y del día, además que yo también agradecería a otro competidor que se me acercase y me ayudase en un momento de duda. Pese a que somos rivales, por encima de todo somos compañeros y compartimos las mismas pasiones, y si no nos ayudamos entre nosotros no avanzamos, y si no somos nosotros mismos quienes nos apoyamos, ¿quién lo va a hacer?.Finalmente tras esos minutos los dos salimos montados en las bicicletas a afrontar el siguiente tramo de la carrera.

Al montarme en la bicicleta mi idea era la misma, quería rodar rápido pero con control, sentía que las piernas me pesaban mucho y que no trabajaban igual que siempre, pero esa idea duró poco. Al dar la primera de las cinco vueltas a la ciudad, ya vi que me sería imposible contenerme, el clamor de la gente y los ánimos de todos los que allí seguían la carrera, conseguían que todos los corredores incluido yo mismo voláramos. Hacían que corriéramos como alma que lleva el diablo por las calles de la ciudad, y en ese momento, en esa situación, decidí dejarme llevar, apretar los dientes y empujar hacia delante con todas mis fuerzas.

No sentía dolores, ni apreciaba la fatiga de todo el cansancio acumulado de las anteriores pruebas, y ni tan siquiera sentía que tuviese problemas para respirar con normalidad. Durante cada uno de los kilómetros de los noventa que tuve que recorrer entre calles estrechas, curvas cerradas e incluso algún túnel, lo hice con una sonrisa en la boca y un cuchillo entre los dientes al máximo sin parar ni aflojar.

Al cabo de dos horas y noventa minutos completaba este sector, y al comenzar a correr ya ni pensaba en si iba acusar el cansancio o no, ya sólo pensaba en disfrutar y completar los veintiún kilómetros y cien metros de la media maratón por mi ciudad.

En este sector no había mucho en que pensar, paso tras paso tenía que llegar, debía llegar, quería llegar al final y completar la prueba, la cuarta prueba de el gran mes Tasende.

Metro a metro fui recorriendo la distancia, ya no me impulsaban mis piernas, ni tan siquiera mi cabeza, recuerdo que mi corazón me transmitía unas ganas enormes de finalizar la prueba y colgarme la medalla.

Cuando llegué al final y vi el cronómetro parado en menos de seis horas, no me lo podía creer. Pese a que soy el primero al que no le importa el tiempo, y que la semana anterior en el *Ironman* de Lanzarote había aprendido una muy valiosa lección sobre esto, y la importancia de acabar cualquier reto, disfrutarlo y compartirlo, estaba asombrado del resultado y de cómo había puesto mi límite un paso más allá, habiendo conseguido superarme en esta carrera cuando pocos días antes en la anterior prueba había sufrido como nunca en una distancia *Ironman*.

Aquí comprendí que un persona derrotada es una persona que ha dejado de luchar por lo que cree, y supe que el hombre es un animal muy fuerte, muy fuerte, y que es mucho lo que podemos soportar y avanzar, porque dentro de ciertos límites de dolor y sufrimiento, podemos extraer algo bueno y positivo, porque siempre se puede ser mejor, tanto en el deporte como en la vida.

Todavía con la emoción en el cuerpo y cada vez con menos energías pero con más motivaciones, era hora de enfrentarse al siguiente reto. Tendría que recorrer ciento treinta kilómetros de carretera con varios puertos muy míticos de la Vuelta a España de ciclismo, como por ejemplo, la subida al Ézaro.

Iba muy confiado para la prueba, los tramos por los que íbamos a circular ya me los conocía de años anteriores, y veía que era una carrera medianamente fácil de encarar. Pese a que iba con la mentalidad de que sería un entrenamiento más entre amigos, las condiciones climatológicas y sobre todo mi propio cansancio hicieron que a los pocos kilómetros aprendiera una de las mayores lecciones que recuerdo hoy por hoy.

Y es que al poco tiempo de empezar me di cuenta de que iba a ser una carrera larga y muy dura, y que era posible que no lo consiguiera. Durante todo el trazado tuvimos que soportar la fuerte lluvia que hacía que cada curva fuese una trampa que había que salvar, y el incesante y constante viento que nos asolaba convertía cada bajada en un desafío por sujetar la bicicleta por la trazada correcta y mantenerla estable sin caernos al suelo.

Con el paso de los kilómetros mis fuerzas menguaron considerablemente y mi moral se fue minando por el cansancio, las dudas y por el frío que sentía. Recuerdo que durante todas esas horas sentí un profundo frío, y mi brazo y pierna izquierda se contraían de una manera que no era capaz de controlar según el paso de las horas y la lucha constante contra los elementos. Lo hacían de tal forma que, a mitad de carrera y tras un pinchazo en la rueda delantera, tuvieron que ayudarme a cambiar la rueda porque yo no era capaz de hacer que mi mano respondiera a las órdenes que le daba para hacer dicha intervención, y gracias a los compañeros que allí estaban, pude continuar con otra rueda.

A lo largo de todo el trazado comprendí una valiosa lección, y es que nunca por muy fácil que parezca un objetivo, e independientemente de las veces que lo hayamos completado, nunca debemos subestimar el camino a dicha meta.

Finalmente, tras varias horas pude completar la carrera, contento por todo el trabajo realizado hasta el momento y con la vista puesta ya en el siguiente reto, pero resignado conmigo mismo y con la lección aprendida de no volver a cometer el mismo error de subestimar nada.

Obviamente estaba cansado y tenía muchos dolores y molestias, pero también tenía más ganas que nunca de seguir, y estaba más motivado que nunca por ver que podía ser una realidad completar todas las pruebas. Ya solo faltaba una por hacer, y quería que la semana pasase rápido para enfrentarme a ella.

Llegó el momento. Era hora de enfrentarse a la última prueba del reto, al *Ironman* que quedaba antes de dar por concluido el gran mes Tasende, y tras completar más de mil kilómetros pedaleando, terminar algo más de doscientos corriendo, y haber atravesado en el mar treinta kilómetros nadando, era el momento de finalizar el trabajo, era el momento de demostrar que podía lograrlo, era el momento de ponerle la guinda al pastel.

Desde el comienzo de esa semana todo fueron problemas. El día antes de empezar, a pocas horas de ponerme en la línea de salida, todo salía mal, todo se ponía en mi contra. Recibí varias noticias y varias prohibiciones por parte de diferentes personas, que hacían que todos los planes que tenía previstos para la carrera fueran tirados por tierra.

En esos momentos solo pensaba en irme para casa y dejar todo, llevarme la bicicleta y el resto del material y olvidarme de la prueba.

La verdad es que no tenía ganas, mi motivación se había esfumado, pero no sería fiel a mí mismo si no me mantuviera firme en las adversidades, y no estaba dispuesto a darle la satisfacción a toda esa gente tóxica que quería verme fracasar. Además no quería fallarle a toda esa gente buena que realmente sí había creído en mí y me había apoyado, esto ya no era por mí, era por todos ellos.

Tener enemigos es inevitable, pero tenerlos en casa es triste.

El día de la carrera, desde que comencé a nadar tenía asumido que iba a ser un día muy largo y muy duro, sabía que no me encontraba bien físicamente, pero creía que mi cabeza podía responder y empujar, pero sin duda el peor momento de toda la prueba fue cuando al salir del agua, mareado y aturdido de una manera que nunca antes había experimentado, me encontré la rueda delantera de mi bicicleta pinchada. Entonces me vine abajo moralmente, y solo pensaba en qué sentido tenía que siguiese, si todo y todos estaban en mi contra, y no me encontraba con fuerzas ni ganas para remediarlo y seguir tirando adelante.

Recuerdo que al día siguiente, tras salir de trabajar y antes de caer rendido en mi cama, revisé la cámara que me había encontrado pinchada el día anterior al salir del agua y que había guardado por una idea que me vino a la mente en aquel momento, y en ese instante las sospechas que había tenido durante toda la carrera se habían hecho realidad, y es que era cierto, me habían pinchado la rueda delantera de la bicicleta de manera premeditada.

Durante los minutos que estuve frente a la bicicleta al salir del agua pensando si valía la pena o no seguir, me aferré a una idea, esa idea que te da la razón que te hace luchar. Todo en la vida puede cambiar si luchas, si no te rindes y si avanzas pese a las dificultades y las adversidades hasta el final paso a paso, me puse en marcha, porque los objetivos se pueden conseguir si sigues y luchas por ellos.

De esta manera me puse en marcha, y sabiendo que ya no era una carrera, sino una lucha contrarreloj de resistencia conmigo mismo, fui avanzando con el transcurso de las horas.

Poco a poco fui avanzando, y pese a sufrir otro pinchazo que me retrasó, continué avanzando, y a escasos quince minutos del cierre de control en el sector de la bicicleta, pude completar los ciento ochenta kilómetros de este sector y comenzar a correr.

En ese momento pensaba que todo empezaba y acababa ahí, era un sector nuevo, todo dependía ya de mí mismo, y nada ni nadie podría impedirme ya llegar al final, y si llegaba sabía que el gran objetivo se acababa por todo lo alto.

Fue así entonces como con el paso de los kilómetros y la determinación de acabar con todo, con mucho esfuerzo y gran determinación pude cruzar la meta y colgarme mi medalla, no la de la prueba, sino mi medalla imaginaria, recompensa de todo el trabajo, esfuerzo, sacrificio y constancia que me había demostrado a mí mismo paso a paso, metro a metro durante las largas horas de la prueba, y culminar así el gran mes Tasende con un total y rotundo éxito.

Lo cierto es que no fue fácil conseguir completar todas estas pruebas seguidas mientras compaginaba mi trabajo y mi vida personal, semana tras semana tuve que rendir al máximo nivel en mi trabajo y recuperar con la ayuda de mi fisioterapeuta de la manera más rápida en cada entrenamiento para afrontar la prueba que correspondiera.

Después de este mes algo en mí había cambiado, y ya no solo a nivel deportivo, sino a un nivel personal mucho más profundo, y es que había sacado varias conclusiones de todo el proceso. Una de ellas, y quizás la más importante y la que más me ha ayudado, es que todo es posible, que con esfuerzo, trabajo, tiempo, constancia y muchas ganas todo es posible. Que todo, si estás dispuesto a pagar el precio que vale, es posible, física y mentalmente, porque tú decides, porque tú eres dueño de tu destino, y porque por muy adversas que se pongan las cosas, si quieres, puedes, y si puedes harás todo lo que este en tu mano para conseguirlo, y de una manera u otra, tarde o temprano, podrás lograrlo.

Durante cada minuto en cada prueba me lo repetía una y otra vez, pero no fue hasta que lo comprendí y me lo creí cuando comencé a superarme, y si una cosa es cierta, es que creo firmemente que todos podemos llegar a donde nos lo planteemos si creemos en nosotros mismos y trabajamos por ese sueño.

Otra de las conclusiones que saqué es que todo lo bueno conlleva un precio y un sacrificio, que por muy bien que hagas las cosas, siempre aparecerán otras negativas, y en muchos casos, por mucho que te esfuerces no obtendrás la recompensa que esperabas, pero no por ello hay que dejar de intentar avanzar.

Las malas, pese a ser malas, siempre cobrarán la importancia que nosotros queremos que cobren, y está en nuestra mano dejar que nos dominen o no, porque aunque suene triste todo lo malo y nocivo nos acompañará a lo largo de nuestras vidas independientemente de lo que hagamos y la gente tóxica siempre estará ahí para decirte que no puedes lograrlo, y para ver como fracasas cuando lo estas intentando. Incluso en muchas ocasiones puedes encontrar a estas personas en tu entorno, en tu propia casa, pero en nuestra mano esta no darles el control ni el poder, porque si tú les dejas, te dirán que no es posible, que no lo conseguirás, que llegará un momento en que te caerás de la nube, pero todo eso sólo tendrá sentido sobre ti, si tú se lo das, porque en el momento que tú le des poder a esa gente tóxica, ellos te controlarán y no podrás hacer nada para evitarlo, y eso no te dejará dormir, no te dejará respirar, no te dejará vivir, y sobre todo no te dejará conseguir lo que deseas alcanzar. Por ello, debes olvidarte de toda esa gente tóxica que quiere que no lo consigas, porque ellos no se ven capaces, porque ellos ni lo contemplan, y lo más importante, porque ellos no pueden ni soñar con las ideas y pensamientos que tú tienes. Olvidándote de ellos conseguirás no perder el tiempo y avanzar en tu camino hasta tu objetivo.

Por eso si dejas de lado a toda esa gente tóxica y peleas por lo que quieres hasta el final, llegará un momento en el que te verás en un sitio que antes no creías que podrías estar, y te darás cuenta cómo estás pasando por delante a todos esos que dijeron que no podrías, y mientras ellos siguen pensando como lo hiciste, tú sabrás lo que tienes que hacer para continuar y seguir hasta el final, hasta tu objetivo, hasta llegar a la meta.

Lo cierto es que desde el momento que sufrí mi accidente pasé a ser una persona diferente, comencé a ver la vida de otra manera, pero pese a mi recuperación milagrosa, durante mucho tiempo tuve muchas dudas para afrontar objetivos y conseguir metas, ya que creía firmemente que mi recuperación no sólo había sido gracias a mi empeño y mi fuerza, sino que la suerte había intercedido mucho en mi recuperación, y que sin suerte no hubiese conseguido nada. Pero la verdad es que después de haber vivido estas pruebas donde sólo dependía de mí mismo por lograrlo, supe que la suerte también se trabajaba, que aunque no tengas talento natural, si tienes constancia y dedicación, los objetivos se pueden conseguir, y sé que cada día me esfuerzo para dar lo mejor de mí mismo y, siendo sincero, me sentía capaz de cualquier cosa, en ese momento me sentía que podía conseguir lo que quisiera, y sobre todo sabía que si no lo consigues no es un fracaso, sino otro escalón más para subir que te puede llevar a donde quieras, y ahí me di cuenta que si yo podía, cualquiera que se lo propusiera y trabaje en ello podría, y desde ese momento una idea floreció en mí: ¿Por qué no llevarle mi mensaje al mundo?

El mejor momento de mi vida

Era el momento, había encontrado una nueva motivación, y con ella una manera de ayudar a la gente. Tras haber experimentado muchas vivencias a lo largo de estos años mediante mi recuperación, a través del deporte y en el trabajo, día a día, pasando buenos y malos momentos, aprendiendo y observando, y siendo paciente a que llegara mi momento, a finales de dos mil catorce, con veintiséis años, me sentía que estaba en el mejor instante de mi vida, y que todo lo que hasta ese momento había hecho y conseguido, tanto lo bueno como lo malo, había dado un resultado, y sentía que era la mejor versión de mí mismo, y en ese momento quería y sabía que deseaba seguir avanzando con esa idea y transmitirla a la gente, transmitirles la idea de que es posible, la idea de que si yo pude, todos podemos.

Hay momentos en la vida en los que una sola decisión, un solo instante, cambian irremediablemente el transcurso de las cosas. Momentos en los cuales decides seguir adelante o abandonar, instantes en los que tomamos la decisión de seguir pese a la adversidades y a las dificultades, sin importar a donde nos lleve esta decisión, sólo con la idea de llevarla a cabo, y para bien o para mal, somos conscientes de que nunca podremos volver atrás. Porque cada día vivimos situaciones donde tenemos que decidir, donde quizás sin saberlo estamos cambiando el rumbo de nuestro destino y el de los demás, en un instante, en un momento, haciendo que de una manera u otra todo cambie. Y no importa dónde, ni importa con quién, puede ser cuando estas comprando el pan, como en la salida de una prueba en la que te preparaste día a día durante mucho tiempo, como en una entrevista de trabajo que deseas, o por la mañana cuando te levantas y decides cómo será tu día al calzarte las zapatillas. **Sea como sea depende de ti, porque aquel que tiene un porqué para vivir encuentra un cómo para hacerlo realidad.**

Cuando una persona tiene una causa, razón o motivo para vivir, se puede enfrentar a todas las interrogaciones, preguntas o miedos que se le planteen.

Todos nosotros poseemos un espíritu constante de superación, y si creemos firmemente en algo que nos apasiona y nos ilusiona, no encontraremos obstáculos que nos impidan conseguir nuestro propósito. Por el contrario, si una persona no está motivada y no encuentra un motivo o una razón para vivir y por la que luchar, se somete a una presión tal que no le deja continuar, ni sabe enfrentarse a los "cómos" de la vida, y acaba sometida por sus propias ideas negativas.

El pensamiento de las personas influye a un nivel mucho más profundo de lo que creemos en nuestra forma de ser, positiva o negativamente a la hora de enfrentarnos al mundo y a los problemas que nos podamos encontrar. Con una actitud positiva, todo, desde que nos levantamos hasta que nos acostamos, es más fácil y agradable, pero con una actitud negativa, los minutos y las horas se pueden convertir en días o años, porque creamos una serie de obstáculos imposibles de vencer y que nos van debilitando paso a paso, día tras día.

Nuestras vidas se basan en continuos tropiezos, no para caer de manera premeditada, sino para levantarte una y otra vez por decisión propia, porque en la vida está permitido caerse, una y mil veces, pero es necesario levantarse siempre, por muy dura que fuese la caída debemos levantarnos siempre.

Hoy en día creo firmemente que la motivación es el motor que nos impulsa y nos mueve a conseguir los objetivos marcados en nuestras vidas, y no importa el hecho de qué motivación sea, lo que importa es tenerla bien presente cada día y no olvidarla, ya que ella nos ayudará, en muchas ocasiones, sin que nos demos cuenta, a sacar las fuerzas necesaria para continuar y no darnos por vencido.

Recuerdo que a finales de ese año, esta nueva idea me hacía que tuviese más y más motivación, y pensaba y pensaba la manera de poder transmitirle a más gente mi mensaje más allá de mis redes sociales. Cada día veía y sentía que las horas pasaban volando cuando realizaba lo que realmente quería.

Fue al regresar a casa tras volver a cumplir mi promesa de realizar el Camino de Santiago, cuando vislumbré la verdadera idea de lo que tenía que hacer tras las vivencias de esa peregrinación, de esa nueva peregrinación que había sido corta pero muy intensa y muy reconfortante. Dio respuesta a todas las dudas que tenía en un primer momento.

En el resto de ese mes, como aún estaba de vacaciones laborales, decidí probar un deporte nuevo, y de esa manera me inicie en el mundo del surf. Lo cierto es que llevaba tiempo viendo este deporte, y como llevaba años teniendo una relación muy estrecha con el mar, decidí probarlo. Al principio me sentía muy nervioso de realizar esta modalidad en el mar, aquí más que nunca la posibilidad de recibir un golpe en la cabeza era una realidad, y si quería probar el surf, era un riesgo que tenía que correr para más adelante poder decidir si me gustaba o no, y no ser negativo desde un principio por no haberlo probarlo por miedo.

Aquella semana fue muy intensa, experimenté muchos momentos, tanto buenos como malos, y pese a que los malos fueron a un nivel muy grande, como por ejemplo el día que una ola me arrastró, y tras golpearme con mi propia tabla, acabé enredado en un banco de algas sin poder conseguir respirar bien por la fuerte resaca que me arrastraba de nuevo al mar. Los buenos fueron muy intensos, e hicieron que cada día quisiese volver al mar, como la sensación que sentía sobre la tabla y la tranquilidad que todo ello me transmitía, en ese momento experimentaba unas sensaciones mágicas.

En este campamento compartí experiencias asombrosas. Sin duda acostarse y levantarse con el mar susurrando en tu ventana es una de ellas. Es algo extraordinario y maravilloso. Además, en este lugar tan alejado y tan aislado de todo y de todos, pude conocer a unos chavales estupendos de distintos puntos de la geografía, y de todo ello me lleve una fantástica experiencia, que algún día repetiré. Porque el hecho de intentarlo me demostró que de algo, a priori malo, puedes sacar conclusiones muy positivas.

Cuando se acabaron mis vacaciones, y a la vez que me incorporaba a mi trabajo, me acuerdo que empecé a contactar con mucha gente y entidades diferentes. La idea era clara y quería llevarla a cabo, no sabía de qué manera podría hacerlo y si me llevaría algún sitio, pero quería intentarlo, y no quería sentir un fracaso sin ni tan siquiera haber intentado llevarlo a cabo.

Soy una persona que si, llegado el momento, tengo que dar por finalizado un proyecto o una idea, o tengo que darme la vuelta en un camino que elegí anteriormente, no tengo problema si creo que di todo lo que podía. Afronto los sentimientos encontrados que en ese momento me abarcan y sigo adelante con la cabeza bien alta por mi camino. Pero si realmente sé que me quedó algo por dar, prefiero seguir de la manera que sea mientras que mi físico y mi cabeza me lo permitan, porque mientras dependa de mí no quiero darme por vencido, porque sé que después estaría pensando una y otra vez todo lo que podría haber sido y no fue, y si hay gente que confió en mí y yo les di mi palabra, voy hasta el final, y no me dejo vencer a mí mismo por un momento de debilidad.

En la vida todos tenemos momentos de debilidad, pero ahí en ese momento es donde se forja nuestro carácter, es ahí en ese momento donde lo más probable no es lo más conveniente, pero sí lo necesario, y aún así, pese a saberlo, queremos continuar y no darnos por vencidos, porque ese momento será un instante del que nos olvidaremos si seguimos, mientras el recuerdo y la gloria de seguir y conseguirlo serán eternos.

A mi realmente no me gusta fracasar en ningún aspecto de mi vida, pero si llegado el momento tengo que asimilarlo por un impedimento más allá de lo que pueda controlar, y sé que me esforcé hasta mi límite, intento tomar la decisión más acertada pese a que sepa que me pueda doler. Porque siempre es mejor tomar nuestras propias decisiones, que esperar a que la vida nos las imponga sin remedio y sin que podamos hacer nada.

Hoy por hoy pocas veces en mi vida me he visto en la tesitura de dar por finalizado algo sabiendo que me quedaba algo por dar, pero las que tengo en mi historial las recuerdo y las tengo muy presentes para que no se vuelvan a repetir.

A día de hoy ha habido alguna que otra ocasión en la que he fracasado, pero nunca he dejado de intentar llegar a mi objetivo, y todos pese a que fracasamos una y mil veces, debemos querer seguir intentando perseguir nuestros sueños. Durante ese tiempo recuerdo que recibí muchas negativas de varias personas y entidades, me decían que no era posible, me decían que no iba a ser capaz, me decían que no estaba preparado, que era muy joven, pero mi idea era firme y mi motivación mayor que nunca. Quería dar charlas y conferencias a la gente de cómo es posible que cualquier persona pueda tomar las riendas de su vida, y no esperar a un hecho traumático o cercano a la muerte para llevarlo a cabo, por darnos cuenta que merece la pena vivir como queremos.

En la vida puedes decidir hacer lo que debes y quieres, o esperar a que la vida te lo imponga aunque te niegues llegado el momento. Porque puedes estar toda una vida esperando ese salto, ese salto que te transporte y te lleve a sitios que aún desconoces y que pueden ser maravillosos, o dar el salto y atreverte a cumplir tu sueño.

Todos estos años, que han marcado parte de mi adolescencia y mi juventud, fueron sin duda la etapa más importante en la creación de mi pensamiento. Durante todo este tiempo tuve que conversar mucho conmigo mismo día tras día para convencerme que valía la pena seguir y luchar, pero no sería quien soy hoy en día si no hubiese vivido toda esa etapa, porque durante esos años aprendí a sacar fuerzas de lo más profundo de mi ser para continuar.

No creo en las casualidades, sinceramente creo que todos estamos predestinados a conseguir llegar al lugar donde acabaremos, pero que somos los dueños de los caminos que escogemos, y que en muchas ocasiones olvidamos el lugar al que queremos llegar y por eso acabamos en otro sitio sin conseguir lo que queremos.

Esos últimos meses del año iban pasando, y mientras seguía trabajando y entrenando, continuaba insistiendo en mi plan de dar conferencias, y poder así llevar mi mensaje. Recuerdo que antes de mi cumpleaños, como si de un regalo se tratase, me dieron la oportunidad de dar mi primera conferencia.

Recuerdo que la ponencia se celebraba en un salón de actos no muy grande, aun así allí había algo más de cien personas. Desde el primer momento me sentí nervioso pero con muchas ganas.

Cuando entré me quedé en blanco, delante tenía a un grupo de ejecutivos de banca, todos mayores de cuarenta años, con papel y boli mirándome fijamente esperando a que hablase, sin saber lo que yo, con mi edad podría decirles a todos ellos que les sirviese o ayudase en sus vidas.

Y allí me encontraba yo, con unos pantalones deportivos, en zapatillas deportivas, una camiseta corta y una gorra, a punto de hablar, sabiendo que las primeras palabras que dijera marcarían el devenir de la charla, e intuyendo que estaba siendo juzgado por mi apariencia y edad. Creía que lo primero que dijera iba a ser tomado de referencia, y que muchos de los que allí estaban sentados era probable que solo me prestasen atención en ese primer momento. Debía de ser valiente, claro y conciso, debía impactar.

En mi cabeza solo rondaba la idea que cada uno de ellos tenía sobre mí, de como yo con mi edad, mi vestimenta y mi falta aparente de experiencia les iba a decir algo a ellos que les valiese. Así que sin pensarlo más, dije la primera frase:

“La mayor desgracia que he vivido en mi vida ha sido mi mayor regalo, lo cierto es que lo que me pasó no se lo deseo a nadie, y no creo que nadie lo quisiese pasar, pero lo cierto es que no me arrepiento, ese hecho y las consecuencias que vinieron después, hicieron que sea la persona que soy hoy en día, sin duda la mejor versión de mi mismo, porque hace unos años me quede tetrapléjico por tirarme de cabeza a una piscina”.

Y allí me quedé unos segundos, esperando reacción alguna de la gente que tenía enfrente. Recuerdo que todos estaban atónitos, y al ver en sus caras un cambio de expresión proseguí con la charla.

A priori debía de estar mínimo unos cuarenta minutos, y recuerdo que a las dos horas, extasiado y agotado, paré de hablar, no podía más, llevaba dos horas hablando y estaba exhausto. En ese instante ocurrió lo impensable para mí en ese momento, y es que la gente quería seguir escuchando, la gente quería saber más. Ahí comprendí, que lo que me gustaba y tanto me motivaba, y en lo que había trabajado tanto durante los últimos meses, además funcionaba y ayudaba, que era lo que yo quería.

Siempre he dicho que la tragedia en la vida no consiste en no alcanzar tus metas, la tragedia en la vida es no tener metas que alcanzar, porque si no tienes ilusión cada mañana al levantarte por algo, es muy difícil poder lograr cualquier cosa. Ante todo debes creer en ti, porque para que los demás confíen en ti, tú eres quien tiene que dar el primer ejemplo y ser un líder.

En la vida todos podemos ser jefes, pero no todos pueden ser un líder, porque mientras un jefe manda a las personas, un líder aconseja y guía mientras inspira entusiasmo y no miedo. El jefe siempre dirá **"yo"**, mientras el guía dirá **"nosotros" y "nuestro objetivo común"**. El líder comparte los éxitos con su equipo porque siempre reparte el trabajo, mientras el jefe presume de los éxitos de sus empleados ya que todo le urge para ayer.

Muchas veces la falta de información hace que tengamos miedo y no sepamos cómo poder ayudar a la gente, pero no debemos tener miedo a ser nuestros propios líderes, ya que cuando nosotros mejoramos, todo nuestro entorno mejora, y por encima de todo **somos personas con sentimientos, miedos y motivaciones, somos personas con una grandeza única y extraordinaria, porque podemos ser lo que queramos ser.**

A punto de finalizar el año y ya con varias ponencias más realizadas, en diferentes entornos tanto laborales como deportivos, a diferente número de personas, recuerdo que justo al finalizar una de estas charlas de motivación donde se encontraban algo más de mil personas de diferentes empresas tecnológicas, recibí una noticia que me hizo especial ilusión y que no acababa de creer. Me informaban de que era uno de los nominados como hombre del año por la revista *Men´s Health*, en la categoría de superación personal.

Recuerdo muy especialmente esa semana previa a la entrega de los premios. Me sentía nervioso y ansioso, quería saber que iba a pasar, pero a la vez no quería que llegase el momento mientras disfrutaba de la noticia. Sabía que ya el hecho de estar nominado y poder vivir toda esa experiencia en la gala en Madrid era un premio y no debía desaprovecharla.

Me acuerdo que aquel día en la gala estaba eufórico, pues me encontraba rodeado de mucha gente que llevaba viendo durante años desde el otro lado de la pantalla. Nunca había pensado en poder estar con ellos, y ahora, en ese momento me encontraba al lado de Risto Mejide, Antonio Lobato, Alex González, Raphael, Úrsula Corberó, Amaia Salamanca, Pedro García Aguado, Maverick Viñales, Rafa Nadal, Carlos Latre, y Eva Hache como maestra de ceremonias y un elenco de más personajes famosos que hacía que me sintiese muy pequeño en medio de tanto gigante.

Durante toda la noche pasé muy desapercibido, en ese momento nadie me conocía y menos aún sabían por qué estaba allí de pie, trajeado y en medio de todos ellos como uno más, pero la verdad es que horas después todo esto cambiaría radicalmente y de una manera muy sorprendente para mí.

A lo largo de la noche se fueron entregando los diferentes premios que la revista otorgaba, y ya al final de la gala, en uno de los últimos premios llegó mi momento. Nervioso, y sin saber aún que iba a pasar, Jordi Martínez, el director de la revista se disponía a entregar el premio *Men's Health* al hombre del año dos mil catorce en la categoría de superación, y fue entonces cuando pronunció las siguientes palabras.

Jordi Martínez:

Vamos a dar el premio más especial de la noche, os voy a presentar al triatleta más especial que hayáis conocido nunca. Él es un caso entre un millón, alguien que le ha dado la vuelta a su destino, un valiente, un luchador que pasó de una tetraplejía a la prueba deportiva más dura del mundo, el Ironman. Lo hizo, lo ha hecho y lo está haciendo con el medicamento más potente que existe, una mezcla de voluntad, de constancia, de esfuerzo y de pasión por el deporte. Yo creo que de todas maneras es mejor que el mismo se presente y nos cuente su historia. Os presento a la excepción que confirma la regla, os presento a Víctor Tasende.

En este momento, y sin que yo supiera nada pusieron un vídeo de presentación formado por imágenes de diferentes pruebas en la gran pantalla del teatro. A día de hoy recuerdo ese momento con especial cariño, y recuerdo como me aferré con fuerza a mi butaca, y mientras todo el teatro contenía la respiración, yo contenía la emoción y los nervios antes de salir.

Jordi Martínez:

Como habéis visto es evidente que sus proezas no tienen límite y este año no podíamos tener un premio Men's Health a la superación más motivador que este. Víctor, por favor, sube que esta gente está deseando aplaudirte.

Mientras todo el teatro me dedicaba una gran y larga ovación, contuve la respiración, baje las escaleras, crucé el largo escenario hasta el atril, y sin saber muy bien qué iba a decir, tras darle un fuerte y caluroso abrazo a Jordi y a Alex González, que me entregó el premio, me puse frente a los micrófonos. Respiré profundamente y mirando a todo el teatro, dije:

Gracias, gracias. La verdad es que estoy temblando, estoy nervioso, me he emocionado viendo el vídeo, siendo yo el que corro, nado y ando en bicicleta y la verdad es que lo primero que quería era agradecer este premio a la revista y a Jordi, por todo lo que habéis hecho y lo bien que me habéis tratado, ¡Dios! estoy temblando muchísimo. La verdad es que no es fácil cuando tienes un hecho traumático o cercano a la muerte intentar sumar cada día y superarte y ver las cosas positivas que hay dentro de algo tan negativo como puede ser una lesión medular, pero yo siempre digo que un Ironman está a la vuelta de la esquina para cualquiera. Siempre pongo un ejemplo que me pasó cuando estaba en el proceso de la rehabilitación. Una vez que ya pasó todo el proceso, que al final duró dos años y en el cual llegué a pesar ciento quince kilos, y el deporte hizo un poco que bajara, y estuviera como estoy ahora, pero cuando llegué a casa y ya me podía valer por mí mismo, tuvieron que quitar las alfombras de mi casa porque no era capaz de sobrepasar esa pequeña altura. Para mí, en ese momento, eso era el Ironman. Para mí en ese momento era el superarme, y ahí no estaba pensando en lo que iba a venir sino en sumar ese paso, poner ese ladrillo en el muro, subir esa escalera, fuera como fuera ir sumando cada día, y al final desde ese momento intento emprender todo lo que me gusta. Seguir peleando, sumando y buscando ese límite que no doy superado, y al día siguiente volver a levantarme y seguir. Y así fue como preparé estas pruebas, y me levanto día a día para trabajar, y a día de hoy intento llevarle a la gente y decirles que no tienen que tener un hecho cercano a la muerte, o verse realmente en una situación que es irreversible, para realmente tomar las riendas de su vida y tirar adelante, porque realmente si queremos podemos y si podemos haremos todo lo que esté en nuestra mano para conseguirlo. Y después, por último y para finalizar porque ya no solo me lío en mis vídeos sino aquí también, quería dedicárselo realmente a toda esa gente anónima que se levanta por las mañanas y en la situación en que está hoy en día, pelea, lucha, busca su límite y realmente intenta sumar retos a su día, y a sus años, y al final cumplir más retos que años, así que va dedicado a todos ellos también. ¡Muchas gracias!

Esa noche fue sin duda uno de los mejores momentos de mi vida, fue una sorpresa muy grande y una felicidad inmensa. Este reconocimiento fue el primer premio fuera de una competición deportiva que conseguía, y recuerdo que sentí un gran refuerzo más que positivo, emocional y motivacional para seguir trabajando más y más fuerte.

En la vida no hay nada imposible, porque si se elimina lo imposible, lo que quede, por improbable que sea, debe ser la verdad, la razón para continuar. Todos podemos encontrar esa razón para continuar, para ser realista y hacer lo imposible.

En pleno dos mil quince y a punto de cumplir el décimo aniversario de aquella noche, sé que mi pensamiento ha cambiado totalmente, y que mi carácter se ha ido forjando con el paso de los años, y pese a que aún conservo muchos pensamientos de antes, como que los detalles son la esencia de la vida, también soy consciente de que muchos conceptos han cambiado en mí. Pero eso no es malo, porque la vida es avance y evolución, y siempre tenemos y debemos adaptarnos.

No podemos ser dinosaurios que se resistan al cambio y se acaben extinguiendo, debemos por lo menos ser camaleones que se adapten al entorno y a los cambios, aunque tampoco debemos de dejar de intentar ser gusanos que estando en lo más oscuro son capaces de transformarse y convertirse en mariposas.

Diez años que han marcado mi vida y han construido mi pasado más reciente. Durante esta década, a base de trabajo, esfuerzo y sacrificio he generado una serie de creencias que son los filtros a través he observado e interpretado el mundo desde entonces, y sé que estas creencias me condicionan hasta cierto punto cuando me enfrento a un nuevo camino, pero no me considero prisionero del pasado, me gusta afrontar el futuro y ser yo el que decida salir de mi zona de confort y ampliar la zona de aprendizaje en ese nuevo camino, usando los recursos y experiencias de mi pasado.

Siempre digo que el pasado no determina nuestro futuro, sino que las decisiones que tomamos cada día forjan nuestro carácter, así es que el pasado es como esa estela que deja un avión al pasar en el cielo, pero que no controla ni dirige su rumbo, sino que es el piloto el que decide en cada momento hacia donde debe de ir.

Nosotros somos nuestros pilotos, nosotros con nuestras decisiones podemos cambiar el rumbo de nuestras vidas y escoger el camino correcto.

Tras mucho sacrificio y aprendizaje desde cero, solo puedo decir que no me arrepiento de cada paso que di, de cada momento que viví, y que sin duda me considero agraciado por vivir la vida que me tocó. No sin mucho esfuerzo, trabajo y grandes sacrificios, pero orgulloso y feliz de cada etapa, de cada persona y de cada momento que me han dejado sin aliento estos años.

Durante toda esta etapa hubo momentos muy críticos, recuerdo que siempre me han dicho que tengo muy mala suerte, pero lo cierto es que me considero afortunado porque aunque a día de hoy conviva con unas secuelas que me hacen no olvidar el suceso de aquella noche, también me recuerdan que si sigo trabajando y luchando en cada momento todo es posible.

Desde entonces ya no tengo miedo, sí mucho más respeto a todo, pero nunca miedo, porque cuando comprendes que cruzar una simple alfombra en el suelo se puede convertir en el momento más épico de tu vida, en el obstáculo más grande, comprendes también que cada momento es único e irrepetible, y entiendes que cualquier instante por pequeño o grande que pueda parecer, por maravilloso o aterrador que pueda hacerte sentir, vale la pena vivirlo.

Porque no hay nada mejor que sentirse vivo. Porque si algo merece la pena para que te levantes por las mañanas, merece la pena que las hagas

bien hasta el final, que des lo mejor de ti mismo, y que por muy duro que se ponga, merece la pena que hagas las cosas bien hasta el final.

En esta vida todo es posible, en la medida que tú creas que es posible.

Hoy por hoy me considero una persona muy positiva, dinámica y sonriente. Intento tener siempre buenas palabras y una mejor actitud, pero muchas veces es complicado conseguirlo. Por mucho que te empeñes y te esfuerces, en ocasiones no es posible, y sin llegar a ser negativo hay que ponerse un poco más serio. Por eso a día de hoy cuando soy realista piensan que soy negativo, pero no es así, sólo que en algunas situaciones hay que ser más realista sin que eso sea negativo ni contraproducente, simplemente hay que ser realistas para poder afrontar los objetivos desde el punto de vista preciso y trabajar en consecuencia.

Por ello, hoy en día entre muchas de las preguntas que me hacen, hay una que se repite en muchas ocasiones, y sin ánimo de ser negativo, tengo y debo de ser realista con cada una de las personas que me lo preguntan:

¿Qué le dirías a alguien que estuviese afectado por una lesión medular?

Siempre intento llevar el mismo mensaje, tanto a gente que sufre una lesión medular, como el que tiene cualquier otra lesión, o todos aquellos que quieren perder peso, o quienes quieren salir de una depresión, siempre digo el mismo mensaje. Que no por hacer exactamente punto por punto lo que yo hice en cada momento, quiere decir que se obtenga el mismo resultado. Cada persona es diferente, y tiene una constitución y mentalidad desigual, los entornos también cambian y otros factores como la suerte o los recursos también influyen, pero aún así, pese a todo ello, y sin ánimo de quitarle la ilusión a nadie, constantemente les digo que trabajen, que luchen, que peleen día a día y que no se rindan, que lo malo que vivimos estuvo, y si está, sólo depende de nosotros que no continúe, porque aunque tengamos muchos factores negativos que nos rodean y otros que pueden salir mal, solo debemos buscar esa única razón positiva por la que seguir, por la que motivarse y levantarse cada mañana para trabajar, porque sólo hace falta una razón para mover nuestro mundo.

Todos somos dueños de nuestro destino, y todos podemos tomar las riendas y ser constantes y luchadores, porque día a día es como se consiguen los objetivos, que no hace falta tener un hecho traumático o cercano a la muerte para tomar las riendas de nuestras vidas, que todos podemos, en el momento que queramos, ser nuestros propios líderes, tomar el control, motivarnos, esforzarnos y trabajar para conseguir lo que queremos, y que lo podemos llevar a cabo con confianza y creyendo en nosotros mismos.

Porque la tragedia en la vida no consiste en no alcanzar nuestras metas, la tragedia en la vida es no tener metas que alcanzar, todos podemos, porque hasta lo que parece imposible, se vuelve posible al intentarlo. Por eso, haz las cosas que quieres, si dudas, hazlas, no quieras dentro de unos años, cuando repases tu vida, decir que no te atreviste a hacerlo.

Por todo ello, y con el paso de los años APRENDÍ:

APRENDÍ de mi mayor desgracia, que se convirtió en mi mejor regalo, de no poder moverme a luchar en cada detalle, de no poder caminar a recorrer el mundo.

APRENDÍ remando a dejarme el alma y la piel en cada entrenamiento, a base de esfuerzo y constancia sin que importasen las circunstancias.

APRENDÍ tirando flechas a ser paciente, perseverante y disciplinado para dar en la diana.

APRENDÍ en la bicicleta a continuar siempre por muy mal que estuviese la situación y lo lejos que quedara el destino hasta el final.

APRENDÍ nadando a sorprenderme a mí mismo, a reencontrarme en mi peor entorno y ver que se puede, que se puede conseguir vencer a tu miedo, a tu mayor enemigo.

APRENDÍ corriendo a ser estratega, planificado y ordenado en mis ideas y mis objetivos.

APRENDÍ trabajando, que te puedes levantar todos los días y seguir luchando para poder seguir disfrutando de tus pasiones.

APRENDÍ día a día que durmiendo poco, trabajando mucho, siendo constante y disciplinado, ordenado, detallista, cabezón, luchador y realista, puedes conseguir todo aquello que te propongas, que la vida no te lo va a poner fácil, pero que de una manera u otra, tarde o temprano podrás conseguir tus objetivos.

Pero, sobre todo, aprendí que ser un titán y cruzar el desierto en unas condiciones infernales, completar varios *Ironman* **pasando horas y horas nadando, pedaleando y corriendo, peregrinar por el mundo para cumplir una promesa y redefinirse año a año en el Camino de Santiago, o incluso ser un hombre Men's Health, fue posible gracias a toda esta combinación de sucesos que han ido ocurriendo con el transcurso de los años, y sin duda a mi pequeño gran secreto a voces, mi combustible, mi pila atómica, la motivación y la esperanza que me acompañan siempre,**

cada día, porque mi límite estará el día que me levante sin ilusión.

Subestimamos el final de un camino y no valoramos el proceso. Cada sueño realizado ocurrió gracias a horas y horas de dedicación durante todo el camino. Yo no sé donde acabará mi camino o donde comenzará el siguiente, pero sé que mis próximos retos en la vida son seguir viviendo el día a día en el proceso, porque la vida es mi reto.

Cumpliendo mi promesa

La verdad es que ya van unas cuantas peregrinaciones que he hecho a Santiago, y pese a llevar pocos años pudiendo realizar esta aventura, los momentos que he vivido han sido muy intensos y cada uno de ellos ha marcado un antes y un después, haciendo que pudiera tomar las decisiones adecuadas en los momentos determinados.

Todo empezó en el que fue el peor momento de mi vida, aquella noche donde al tirarme de cabeza a una piscina todo mi destino cambió. En aquel tiempo que pasé postrado en la orilla boca arriba esperando a que me auxiliaran, y sólo notando como mis lágrimas corrían por mis mejillas al ver esa situación, allí, inmóvil mirando al cielo, me comprometí conmigo mismo, que si salía de esa situación y volvía a caminar, nunca me daría por vencido. Además me prometí que emprendería retos nuevos, y no me dejaría estancar.

Recuerdo que me prometí que si salía de esa, y volvía a nacer, lucharía por lo que quisiese hasta el final, y nunca, por muy adversas que fueran las cosas, nunca me rendiría o dejaría de llegar a donde me lo hubiese propuesto. En ese momento prometí que si volvía a andar realizaría el Camino de Santiago.

Tras varios años de recuperación y trabajo, al cabo de seis años de mi accidente, pude comenzar a recorrer parajes mágicos en entornos idílicos, compartiendo momentos e historias con muchos peregrinos, sufriendo y disfrutando del camino día y noche, bajo la lluvia, el sol y las estrellas. Kilómetro a kilómetro iba a descubrir que mi promesa se iría transformando en algo más que un compromiso que había hecho esa noche.

En el año dos mil once, tras haber compaginado todo ese año trabajo, remo y tiro con arco, llegaron mis vacaciones laborales y deportivas, era el momento.

No estaba preparado y tenía muchas dudas, pero por fin, tras seis años de la noche del accidente, tenía los medios necesarios para poder emprender el viaje, y estaba físicamente preparado para afrontar la aventura, esa aventura en bicicleta desconocida para mí.

Durante ese mes de septiembre preparé la bicicleta que tenía almacenada en el trastero, esa primera bicicleta que me habían comprado por mi comunión.

Esa bicicleta no tenía talla ni medidas, era un bicicleta de las de antes, de esas grandes que te compraban de pequeño para que te fuese sirviendo con el paso de los años, una de esa bicicletas donde el peso no importaba y lo único que interesaba era que tuviera dos ruedas, unos pedales y cadena para pedalear.

En aquel momento era consciente de la gran distancia que iba a tener que recorrer si comenzaba mi viaje en Roncesvalles, y creyendo que no lo iba a conseguir, me decidí por hacer el tramo desde León a Santiago por el camino francés. Tenía por delante trescientos kilómetros y seis días para completarlo, no era el tramo entero desde Francia, pero sabía que iba a ser suficiente.

Durante los siguientes días tuve mucho trabajo preparando y acondicionando la bicicleta, tuve que variar las medidas, cambiar las cubiertas de las ruedas y preparar el sistema de transmisión de la cadena. Con la logística y el soporte que iba a llevar también tuve varios problemas al realizar las mochilas con el material necesario. No sabía muy bien qué llevar, y por lo que había visto y leído en muchos foros y libros de gente que ya habían peregrinado, finalmente hice una maleta llena de **"¿y si´s...?", ¿y si llueve?, ¿y si hace frío?, ¿y si me caigo?, ¿y si se hace de noche?**

De esa manera, para el viaje completé mi equipaje con dos alforjas laterales y una superior llena de ropa y objetos, quince kilos de maleta que acabaría arrastrando durante toda esa aventura.

Con el paso de los años y la experiencia, mi equipaje fue disminuyendo, y a día de hoy llevo escasos siete kilos, donde llevo todo lo necesario e imprescindible para afrontar la aventura, ya sea en verano o invierno, de día o de noche.

Tengo muy marcados los momentos previos a comenzar el viaje. En esa ocasión, al igual que me ocurre en todas las aventuras que he emprendido desde entonces, incluso a día de hoy, tenía una mezcla entre alegría y tristeza, entre ilusión y angustia, entre deseo y desánimo por empezar mi camino.

Tal y como me sucede hoy en día, en aquella ocasión quería empezar cuanto antes. Deseaba que los primeros momentos pasasen muy rápido, porque una vez que pasase ese instante sabía que todo lo demás iba a ser mejor. Pese a que siempre cuando empiezo me siento solo y abandonado, lleno de tristeza y pena, con el paso de las horas comienzo a disfrutar del Camino deseando que no acabe.

El Camino es una de las pocas experiencias que he vivido que me han demostrado que en pocos días puedes sentir una montaña rusa de sentimientos y emociones.

Recuerdo el primer día de mi primer Camino, recuerdo la emoción que sentí cuando llegue a la estación de León, después de haberme levantado a las seis de la mañana para montarme en un bus desde A Coruña. El bus llegó a León a las dos de la tarde, y mientras preparaba la mochila y la bicicleta allí solo en aquella estación de bus, de repente me entró una enorme angustia de verme solo, y comencé a darle vueltas a la cabeza de si sería capaz de conseguirlo. Pero la idea era clara, debía de ir a la catedral y desde allí intentar llegar a Astorga, parando en cada albergue, calculando el tiempo que me quedaba de día antes de que estos cerrasen y la noche se me echara encima.

Mi primera parada era Villadangos del Páramo, a unos veinte kilómetros de León. Transcurridos escasos diez kilómetros de mi inicio, observé que había pinchado en mitad de un pueblo abandonado. El entorno era totalmente desolador, no había ni un alma por la calle, y mi sentimiento de soledad era aún mayor. Mientras desmontaba las alforjas para poder cambiar la cámara de la rueda trasera, me preguntaba una y otra vez ¿qué hacía allí?, y muy apenado decidí continuar con mi camino, una vez acabé de cambiar la rueda pinchada.

Al cabo de un rato llegue al primer pueblo, y como era muy pronto decidí continuar diez kilómetros más hasta Hospital de Orbigo, bajo un sol arrollador, sin provisiones y habiendo comido por última vez a las seis de la mañana antes de salir de casa.

Cuando llegué al albergue de ese pueblo, decidí proseguir una vez más, me decía que tenía margen, y aún me quedaban horas de sol, y yo quería llegar, aún sin saber si podría.

Después de haber recorrido unos seis kilómetros más, llegue a una intersección. Tenía dos opciones, desviarme e ir a Santibáñez, que quedaba algo más cerca, para buscar refugio antes de la noche, o continuar recto hasta Astorga, mi objetivo principal. Temeroso y pensando que no llegaría a Astorga, decidí desviarme al pueblo que marcaba el mapa, pero, para mi sorpresa descubrí que el camino era mucho más fácil de lo que marcaba el mapa, y todo era cuesta abajo, y finalmente llegué antes de lo que creía al albergue.

Una vez allí le pregunté al hospitalero del albergue si faltaba mucho para llegar a Astorga y si era posible que llegase antes de que se hiciese de noche, y él con el desparpajo argentino que desbordaba me comentó que no, que sólo faltaban unos ocho kilómetros para entrar en Astorga, y que el camino era fácil y de poca dificultad. Poco después me acordaría de sus palabras y de las ganas que tenía de replicarle que eso no era verdad, pero en ese momento decidí continuar, el ansia que sentía por llegar era muy grande, quería finalizar la etapa y llegar a Astorga.

Tengo muy marcado el siguiente tramo, después de unos dos kilómetros descubrí que el terreno era impracticable y muy difícil de rodar, estaba lleno de piedras y raíces. Dada la dificultad técnica del terreno me vi forzado a realizar varias subidas e incluso alguna que otra bajada empujando la bicicleta para poder avanzar sin caerme. Durante un buen tramo no vi a nadie y no dejaba de pensar que eso no era para mí, que no iba a ser capaz de acabar el camino, y que en cualquier momento llamaría para abandonar y que me vinieran a recoger.

Al cabo de un rato y para mi sorpresa me crucé con un chico que iba con una mochila y unas garrafas de agua, y que me comentó que iba a por agua al pueblo del que yo venía. Me dijo también que cuando pasase por delante de su casa, que estaba unos kilómetros más adelante, en la dirección en la que yo iba, sellase la credencial, ya que allí tenían el sello más cotizado de todo el camino, debido a que pocos peregrinos pasaban por allí.

Cuando alcancé la casa no paré, delante de mí estaba viendo una casa en ruinas, sin cableado eléctrico ni de teléfono por ningún lado. En ese momento mis pensamientos y prejuicios al ver la situación no fueron positivos, y por miedo a la situación que allí veía, proseguí con mi camino sin sellar la credencial y ni tan siquiera parar, en ese momento me dejé llevar por las apariencias, y sin duda más adelante me arrepentiría de no haber parado allí.

Seguí mi camino, y después de pensar que no llegaría y que la noche se me echaría encima, aviste el crucero de Taribio, que sabía que estaba a dos kilómetros de mi objetivo.

Cuando llegué al albergue una sonrisa se dibujó en mi cara, y tras un suspiro grande y profundo me tranquilicé, había llegado, lo había conseguido, tras cincuenta y seis kilómetros eternos, por fin podía descansar tranquilo y a salvo.

Más tarde, después de haber preparado el material y la bicicleta para el día siguiente, me acuerdo que mientras cenaba, hambriento por llevar todo el día sin comer, descubrí por qué el sello que no había acuñado era tan cotizado. Un chico que estaba allí cenando conmigo me comentó que ese último tramo que yo había hecho era el antiguo camino, el original de los romanos, y dado su mal estado, la alternativa y por el que van todos los peregrinos es el otro, por el que yo no escogí en la intersección a la derecha en vez de seguir de frente.

Al día siguiente, tras no haber dormido mucho por los ronquidos de todos los peregrinos que allí estaban, y por todo el tránsito de los demás caminantes que se levantaban muy temprano para comenzar antes de que saliese el sol, me levanté yo también y comencé a recorrer los primeros kilómetros buscando un sitio para desayunar. Recuerdo que hubo una cosa que me sorprendió en esta parte de la etapa, y es que a las nueve de la mañana me empecé a cruzar con un mucha gente de edades diferentes y físicamente diferentes, pero muy preparados y que tenían un factor en común, y es que todos llevaban un chándal de la selección española, con lo que supuse que eran deportistas profesionales, supuse que habría un centro de alto rendimiento cerca de donde estaba, ya que gente un lunes a primera hora de la mañana y con esas cualidades no es muy lógico..

A lo largo de esta etapa fui descubriendo el encanto del Camino, y pude compartir momentos y palabras con otros peregrinos. Ya no me encontraba tan mal, y el sentimiento de soledad cada vez era menor, me sentía mejor y comenzaba a creer que podría hacerlo. En este primer tramo tuve la oportunidad de intercambiar unas palabras con otro "bicigrino" que estaba subiendo la montaña también siguiendo el Camino, más tarde este peregrino en bicicleta se convertiría en un buen compañero de viaje, con el que aún tengo relación a día de hoy.

A lo largo de este día fui recorriendo diferentes sendas y caminos, pero sin duda uno de los sitios más emblemáticos y que más recuerdo es la Cruz de Hierro, uno de los cruceros más simbólicos y que se encuentra en el punto más alto del camino francés. Esta construcción está formada por un poste de madera de unos cinco metros de altura coronado por una cruz de hierro, y todo ello sobre un montículo de piedras que se han ido formando con el paso de los años por los peregrinos que las dejan al pasar. Cuenta la tradición que cada peregrino debe cargar con una piedra desde el lugar de origen de su camino, y una vez en la cruz lanzarla de espaldas simbolizando que se ha dejado atrás los pecados cometidos.

En este tramo también me topé con un italiano que iba caminando muy sonriente y con el que intercambié unas palabras, más adelante me resultaría muy sorprendente conocer su historia y la manera en la que estaba realizando el Camino este peregrino.

Una de las partes más divertidas de esta etapa es la bajada de la Cruz de Hierro, unos doce kilómetros de bajada hasta Molinaseca por donde puedes disfrutar de unas vistas espectaculares en un entorno precioso. Sin duda las velocidades que se alcanzan en ese punto en la bicicleta son en algún caso estremecedoras y ponen los pelos de punta si te pones a pensar en lo que puede pasar si te fallan los frenos o si se te suelta algo, pero en ese momento es mejor no pensarlo y dejarse llevar.

En esta etapa aprendí una valiosa lección que comprendería bien al finalizar el Camino. Al llegar al pueblo de Molinaseca, crucé un puente de piedra que sorteaba un río precioso de agua cristalina. En los bordes del río florecía un frondoso y verde césped, protegido por unos hermosos árboles que propiciaban una sombra perfecta para protegerse del poderoso sol que brillaba incesante y sin parar esa tarde. Yo, ante ese cuadro perfecto y viendo como otros peregrinos descansaban sus piernas en el río, decidí continuar pensando que no me daría tiempo a llegar al lugar donde esa noche dormiría. Tonto de mí, pues a la siguiente ciudad, llamada Ponferrada, llegué en una hora, y allí me quede esperando toda la tarde, compartiendo momentos y vivencias con los demás peregrinos y esperando a que pasara el tiempo antes de irme para la cama, viendo como entraban con tiempo de sobra algunos de los peregrinos que yo había visto en la orilla de aquel río.

Esa misma noche, al acostarme, continuaba arrepintiéndome de no haber parado en ese sitio, de no haber disfrutado plenamente del camino. Me di cuenta que tenía que tomármelo con más calma y disfrutar. Desde entonces cada vez que paso por ese punto, siempre paro, tomo aire y descanso unos minutos antes de continuar.

Al día siguiente la ruta era clara, me había planteado subir al Cebreiro y hacer noche allí, mi idea era ir hasta el pie de la montaña recorriendo unos cuarenta kilómetros y comer en ese lugar, para así con calma subir los siguientes diez kilómetros del puerto de montaña y dormir en la cima.

Comencé a pedalear muy temprano, era una etapa nueva para mí, y ese día me estaba cruzando con muchos peregrinos, ya que Ponferrada es un punto de partida para mucha gente, me estaba topando con muchos peregrinos a lo largo de toda la senda.

Después de recorrer unos veinte kilómetros me pasó una de las cosas más sorprendentes de todo el Camino. Mientras estaba cambiando la rueda delantera de la bicicleta por haber pinchado de nuevo, el italiano, el mismo italiano que me había cruzado el día anterior unos cuantos kilómetros atrás, me estaba pasando, me estaba superando. Atónito y sorprendido le pregunté cómo estaba haciendo el camino, y cómo era posible que estuviera recorriendo la misma distancia que nosotros si él iba andando y nosotros en bicicleta. Me respondió que se levantaba muy temprano y caminaba seguido sin parar hasta cansarse o hacerse de noche, me decía que comía andando y que solo paraba para dormir un poco antes de proseguir. Lo más curioso y fascinante de esta persona es que recorría al día una media de cincuenta o sesenta kilómetros con una mochila literalmente más grande que él, y que lo hacía con una motivación y alegría impresionantes.

Después de ese momento proseguí los kilómetros y después de comer, tal y como tenía planeado, al pie de la montaña, comencé la ascensión del puerto. Sin duda siempre recordaré ese día, por muchos años que pasen o por muchos Caminos que haga, siempre recordaré esa tarde. Fue una de las más difíciles de afrontar, pasé toda la subida empujando la bicicleta y empapándome la cabeza para no tener una insolación debido al fuerte sol que nos azotaba sin compasión en ese momento. Pese a que hoy en día cuando encaro de nuevo esa subida me resulta difícil pero no imposible, esa tarde me pareció una quimera imposible de completar pese a empujar la bicicleta. Sólo quería llegar arriba, al Cebreiro y poder descansar.

Tras un par de horas en ese infierno, llegué a la parte más alta de la montaña, no me lo podía creer, contemplaba el paisaje y todo lo que yo solo había subido con mi propia fuerza, y no me lo podía creer, lo había hecho, lo había conseguido, tras dos horas pensando que jamás lo conseguiría, pero siguiendo poco a poco, lo había completado, estaba en la cima del Cebreiro.

Una vez allí, y con toda la ilusión renovada que tenía, recuerdo que me dieron una noticia que no esperaba y que me pesó como una losa. No tenían sitio en el único albergue que había allí. En ese momento no sabía qué hacer, ni a donde ir, me sentía solo y tenía miedo, no me veía capacitado para seguir hasta otros pueblos antes de que se hiciera de noche, y allí no podía quedarme. No tenía sitio y creía que no podía hacer nada, estaba bloqueado y paralizado.

Estuve un rato sentado pensando que hacer y con una angustia muy grande, hasta que de lejos vi a otro “bicigrino” y decidí salir detrás de él, porque pensaba que si nos perdíamos o no llegábamos, seríamos dos, y esa situación era mejor que quedarse solo.

Cuando lo alcancé me comentó que a él le había pasado lo mismo, y que como no había encontrado sitio donde dormir seguía, y así fue como los siguientes kilómetros fuimos juntos hasta encontrar donde dormir, apoyándonos mutuamente.

Ese día, y tras haber completado ochenta y cinco kilómetros con tres grandes picos de montaña, hicimos noche en Triacastela, un poco más cerca de Santiago.

A la mañana siguiente y tras haber dormido de aquella manera por culpa de los fuertes ronquidos de unos compañeros alemanes, continué mi Camino, esta vez acompañado por el peregrino argentino que conociera el día anterior en el Cebreiro. En esta etapa, al salir del pueblo de Triacastela, hay dos opciones para tomar el Camino, una más directa que va por la parte norte del camino, y otra que, pese a que da un poco de rodeo, pasa por el monasterio de Samos, uno de los monasterios más bonitos de todo el trayecto y donde, además de tener uno de los sellos para acuñar la credencia más grandes que he visto, se pueden escuchar los cantos gregorianos de los monjes del lugar. Es un sitio por el cual merece la pena pasar.

A lo largo de esta ruta y con el paso de los kilómetros también nos topamos con el monolito más emblemático de todo el camino francés, el monolito que marca el kilómetro cien de llegada a Santiago. En este punto, y tras llevar varios días peregrinando por el Camino, me topé con el primer gallego que veía haciendo el camino, también lo hacía en bicicleta como yo, pero lo cierto es que rápido lo perdimos de vista, porque su ritmo era demoledor, y enseguida nos dejó atrás.

Siempre me ha parecido muy curioso no encontrarme a más gallegos en este camino y en los sucesivos que hice después, ya que lo tenemos tan al alcance.

Seguimos recorriendo los kilómetros hasta Portomarín, y una vez allí decidimos continuar hasta Palas De Rey. Teníamos toda la tarde por delante, y escasos veinticuatro kilómetros nos separaban de nuestro destino de esa noche. Iluso de mí, porque transcurridos los primeros kilómetros la noche se nos empezó a echar encima, haciendo que cada vez tuviéramos menos tiempo para llegar al albergue antes de que cerrase.

Finalmente y tras cuatro horas de constantes subidas hasta ese pueblo, y un total de ochenta kilómetros, llegamos a Palas de rey. En ese primer camino cada cuesta, por pequeña que fuese, me parecía el Everest, y la satisfacción que sentía al coronarla era extraordinaria.

Cuando entramos en el albergue nos encontramos de nuevo con el mismo "bicigrino" que el segundo día me había acompañado en la subida a la Cruz de Hierro, y en momentos como estos, te das cuenta del encanto del Camino, que de todas las probabilidades y posibilidades que había para no encontrarnos, en ese momento se dio la única que había para hacerlo de esa manera.

En la siguiente etapa tenía como destino previsto llegar a Monte Do Gozo, que está situado a escasos diez kilómetros del centro de Santiago. En esta etapa entramos en la provincia de A Coruña, y comenzamos a cruzar unos paisajes y entornos que para mí, sin duda, conforman la parte más bonita de todo el camino. Los ríos, los molinos, las sendas, los caminos y los pueblos que en esta etapa se cruzan son preciosos, y sin duda vale la pena parar un segundo a contemplar la preciosidad de sitios y parajes tan bonitos como los que se pueden observar en esta etapa.

A lo largo de este día fui parando en diferentes pueblos a probar la gastronomía típica del lugar, y en esta primera ocasión, al igual que en todos los caminos que realicé después, paré en Melide a comer el pulpo tradicional del lugar. También paré en Arzúa a probar el típico queso de tetilla, y en Pedrouzo a comer los callos. En ese penúltimo día, realicé la ruta gastronómica que, ya como tradición, repito cada año como homenaje final del Camino.

Tras disfrutar todo el día comiendo y pedaleando, y pensando menos en lo que quedaba para Santiago, llegamos al monte tras completar setenta y dos kilómetros. Durante toda esta etapa me sentía contento por verme donde estaba y lo poco que me quedaba, pero a la vez sentía tristeza y pena porque la experiencia y la aventura acabase.

Cuando llegamos al monte y tras instalarnos, fuimos a ver dos esculturas de peregrinos que hay situadas en la parte más alta del monte, en su lado norte. Desde allí se divisa la catedral y se puede contemplar todo Santiago. Según los paisanos de la zona, cuentan que el dedo índice de uno de los peregrinos apunta a una de las torres de la catedral, mientras el otro peregrino, con su mano también señalando al horizonte, apunta a la otra torre. Intenté comprobarlo año tras año, pero la distancia que hay hasta ese punto es demasiada y no se aprecia si realmente están el línea, pero no obstante señalando a la catedral están.

Al día siguiente ya sólo quedaba realizar el paseo triunfal hasta Santiago. Nunca me ha gustado madrugar, pero en esta ocasión me desperté antes que nadie y me preparé para afrontar los diez kilómetros que faltaban y llegar así a la plaza central de la catedral.

Tras toda esa semana pedaleando, tras todos esos kilómetros recorridos y tras haber compartido toda esa aventura con mi bicicleta, esa mañana, a pocos kilómetros de la catedral, me encontré la rueda nuevamente pinchada. Me lo tomé con humor, en ese momento nada podía empañar ese día, y nada me iba a impedir completar mi aventura, cambié la rueda de nuevo y proseguí.

Eran momentos de una inmensa felicidad, estaba feliz y contento, lo había logrado, entraba en la plaza del Obradoiro, al pie de la catedral, por la puerta grande y con la cabeza bien alta. Mientras recogía la Compostelana, que acredita haber finalizado el Camino de Santiago, la sonrisa no se me quitaba de la cara. Y sin duda, uno de los mejores momentos de ese día fue poder ver como volaba el botafumeiro dentro de la catedral.

El final del día fue triste, la aventura había acabado y me despedí de unos buenos compañeros de viaje antes de poner rumbo de nuevo a mi casa, después de vivir cinco días muy intensos de emociones y de superaciones personales. Me había demostrado a mí mismo que sí podía, y que si me proponía algo podía ir hasta el final, haciéndolo solo o acompañado. Sólo debía creerlo y seguir adelante.

Fueron pocos días en los que viví muchas situaciones y pensamientos, conocí sitios preciosos, y gente maravillosa que me quedaran en el recuerdo con el paso de los años para siempre.

Sin duda, una de las lecciones más importantes que aprendí en este camino y que más adelante descubriría que me serviría en mi día a día, es que debemos disfrutar más el proceso y menos el objetivo, ya que yo a mi mismo me decía **"más camino, menos Santiago".**

Soy una persona a la que si algo apasiona y motiva, le gusta exprimirlo y vivirlo intensamente como si no hubiese mañana. Siempre quiero llegar a donde me interesa de la manera más rápida posible, y muchas veces olvido el proceso y el camino, por eso a día de hoy pese a que me gusta vivir el día a día, hay momentos en los que yo mismo me digo, **"tranquilo Víctor, disfruta de este momento, disfruta de lo que hay, de lo que viene, y de lo que vendrá paso a paso".** Así lo hago a día de hoy, aunque no sea tan rápido como otras veces, pero disfrutando más esta vez el Camino, y fue gracias a esta lección que aprendí este camino.

En septiembre del año dos mil doce, y tras haber pasado una de la peores fases a nivel deportivo de mi vida, decidí volver a realizar el Camino. Era consciente de que quería seguir cumpliendo mi promesa, pero necesitaba despejarme. Pedía a gritos tener una vía de escape, y sabía que el Camino podía aportarme lo que en ese momento necesitaba, no sabía que quería seguir haciendo a nivel deportivo, y ni tan siquiera tenía claro que quisiera seguir haciendo deporte, pero quería realizar de nuevo el Camino de Santiago.

Durante todo ese año, y pese a mantenerme firme durante toda la temporada por mi propio compromiso hacia los diferentes equipos de remo y tiro con arco, durante parte de ese tiempo, y pese a entrenar tanto o más que mis compañeros, por situaciones y circunstancias no me sentía parte del equipo, y no podía ayudar como yo quería y como yo me había preparado. No me daban la oportunidad para hacerlo, y eso hizo que mientras los días y los meses pasaran, entrara en una espiral de negatividad, me cuestionaba todo a mí mismo, y lo que en su momento era una vía de escape que me ayudaba y donde podía esforzarme y pelear, se había vuelto en una obligación sin recompensa alguna, que estaba afectando completamente a mi vida más allá del deporte.

Ese año aprendí la importancia de disfrutar de lo que tú mismo decides hacer, y que aunque funcione para lo demás, si tú mismo no disfrutas, no te motivas, y no encuentras razones para seguir, no es malo dejarlo y buscar unos nuevos objetivos. En la vida todo lo que empezamos, todo, tiene que tener fecha de caducidad, porque en la vida, llegado el momento, siempre hay que tomar decisiones nos guste o no nos guste para optar por el mejor camino.

Recuerdo que en ese momento colgué el remo y el arco, y sin tener muy claro que camino quería tomar, pero con la idea de buscar nuevas motivaciones y encontrarme a mi mismo, me puse de nuevo en marcha.

Una de las primeras medidas que tomé en ese momento fue la de comprarme una bicicleta nueva, durante ese año había ahorrado cada mes una parte de mi sueldo para poder utilizarlo en ese momento, y tras visitar varios comercios adquirí mi primera bicicleta.

Me fui habituando a ella y preparando todo el material para el Camino, me sentía más motivado y con más ganas de empezar.

Los días previos me sentía diferente al año anterior, estaba nervioso, pero no me encontraba preocupado. Sabía que lo podía hacer si iba hasta el final paso a paso, y esa era mi idea, necesitaba ir, quería ir, y esta vez sabía que tenía que pensar más en disfrutar del Camino que en llegar a Santiago, estaba preparado y pese al miedo de volver a verme solo, quería comenzar.

De todo este Camino tengo recuerdos muy agradables y vivencias muy enriquecedoras, desde que emprendí la aventura era consciente de que muchas partes del camino ya las conocía, pero eso no impidió que disfrutara de cada momento como si fuese la primera vez. Es más, el hecho de saber que ya lo había hecho, me daba una sensación de tranquilidad y calma que me hacía disfrutar más. Bien es cierto que cuando comencé mi viaje me volví a sentir nervioso y temeroso de verme solo, como la vez anterior en el viaje en bus, pero en esta ocasión el sentimiento duró poco cuando me puse a pedalear. Mi mochila pesaba menos y mi carga era menor, podía avanzar y dejar todo atrás.

Como la anterior vez, tenía un plan, unos tiempos y unos días para hacerlo, pero en esta ocasión y tras conocer a otro “bicigrino” en la segunda etapa, yo mismo eché por tierra todos esos planes, y me dediqué a disfrutar de cada kilómetro, de cada sendero, de cada árbol y pueblo por el que pasaba gracias a la filosofía de vida que observe en ese compañero de viaje.

Este camarada, al igual que otro que nos acompañó más adelante, me demostraron que la vida se puede disfrutar aparte de sufrir. Me enseñaron con su ejemplo, que pese a trabajar y avanzar cada día, también te puedes divertir y recompensarte mientras avanzas, y que esos detalles te reconfortan y te refuerzan para seguir trabajando en tu objetivo con más fuerza.

A lo largo de los kilómetros conocí a gente extraordinaria que hicieron que me replantease mucho mis creencias, y que con su ejemplo me demostraron que si ellos podían, yo también podía, y que cualquiera con sus ganas podría.

Entre ellos conocí a un peregrino al que llame "el corredor", porque se hacía el camino entero desde Francia en diez días, solamente con una riñonera y muchas ganas e ilusión. En aquella ocasión y tras cruzar unas palabras con él, me acuerdo que me comentó que lo hacía por una promesa, y que tenía que hacerlo durante diez años seguidos para completar la promesa. Una de las cosas que más me llamó la atención es que ya era su quinto año y que por motivos laborales no podía entrenar mucho, sino que comenzaba el camino con mucha fé y casi sin entrenamiento. Hoy en día sigo teniendo relación con él, y eso es lo más bonito del Camino, la manera en que crea vínculos y uniones con diferentes personas de todo el mundo.

Otra persona que conocí y que me asombró fue otro "bicigrino", un compañero al que le faltaba una mano, pero que no le impedía manejarse en las cuestas abajo más rápido que cualquiera de nosotros en la bicicleta. Su vitalidad y energía me demostraron en esos momentos, que si tienes una idea, puedes, porque encontrarás la manera de realizarlo de un modo o de otro, y él sin duda con su valor y con su mano izquierda se manejaba en cualquier situación sin problema ni impedimento ninguno. Siempre nos decía: "para mi es fácil, ya nací sin ella". Lo cierto es que al escuchar esas palabras, aunque en un primer momento te impactaban, más tarde comprendías que el corazón es mucho más fuerte que la razón, y que por ello, él hacía cosas extraordinarias cotidianamente.

La magia del Camino también me demostró como el cariño puede derribar fronteras y unir diferentes nacionalidades en una idea y objetivo en común, y ya no sólo por ver a lo largo de los kilómetros como había peregrinos de diferentes razas, culturas e idiomas que se acompañaban sin haberse visto nunca hasta ese momento, sino por ver un caso en concreto donde surgió el amor entre una chica coreana y un chico de los Países Bajos. Sin conocerse de nada y sin poder hablar por sus diferentes idiomas, veíamos como eran capaz de comunicarse y transmitirse lo que quería y sentían uno por el otro. Lo bonito de todo es que sé que siguen juntos y van a tener un niño en común, ellos sobrepasaron todas las barreras que se encontraron en sus vidas por separado para cruzarlas juntos.

Momentos como estos te demuestran que pese a que puedas empezar el Camino solo, nunca lo recorres y acabas en solitario, sino que acabarás rodeado de gente muy diferente de sitios totalmente diferentes, compartiendo una idea y pasión en común, para conseguir un mismo objetivo.

Tras seis intensos días completé de nuevo mi aventura. Me sentía diferente, porque pese a pasarlo muy mal en una de la etapas debido al agua que bebí de un pozo, no había abandonado y había continuado poco a poco, porque en ese momento me había dado cuenta que si quería podía ser diferente, que en mi mano estaba el poder de decidir qué hacer en cada momento y disfrutar de ello hasta el final. Porque por muy nublado que esté el cielo, el sol siempre brilla por encima de las nubes, sólo hay que saber dónde mirar.

En este camino aprendí que no tenía por qué que seguir a las demás personas por muy bien que a ellos les fuera, si yo quería ser diferente, podía serlo, porque podía ser todo aquello que yo quisiera intentar ser, porque no es malo querer brillar con luz propia, lo malo es no intentarlo.

Cuando llegue a mi casa tras completar de nuevo mi peregrinación a Santiago, recuerdo que de inmediato me puse a buscar nuevos objetivos deportivos. No sabía muy bien que quería hacer, pero me sentía de nuevo ilusionado y animado, y no quería perder mi vinculación al deporte, sabía que el deporte me había aportado mucho y que no debía abandonarlo por unas malas experiencias en unas malas situaciones, sino que tenía que encontrar mi sitio, mi zona.

Sin duda todo lo que en ese camino había experimentado y vivido me había cambiado, y había conseguido que tuviera de nuevo esperanza y confianza en mí mismo.

En esta peregrinación descubrí que mi promesa ya no sólo era un hecho aislado de cumplir un compromiso al que había llegado conmigo mismo la noche de mi accidente si volvía a caminar, sino que se había transformado en una necesidad intrínseca vital, que sentía que necesitaba hacer por mí y para mí cada año.

Durante los siguientes meses recuerdo que estuve buscando nuevas razones y maneras de canalizar todos mis sentimientos, y buscando una nueva válvula de escape. Así fue como nació la idea de querer participar en la *Titan Desert*, y prepararme para ello.

Mientras me entrenaba sin saber aún si podría ir o no al desierto, pero esforzándome como si mi inscripción ya estuviera hecha, coincidí de nuevo con unos compañeros que habían remado conmigo y que estaban planeando realizar el Camino y querían que les ayudase. Quedamos varias veces para tomar café, y no tarde mucho en decirles que me unía a ellos. Pese a que en ese momento no había pasado ni un mes de mi regreso de mi aventura en solitario en Santiago, me sentía muy bien, y tenía ganas de volver a experimentar esa sensación y esos sentimientos, y esta vez acompañado desde el principio. Juntos todo el camino iba a ser diferente de cualquier experiencia vivida antes.

Y así fue como por segunda vez ese año realicé un trozo del Camino. Esta vez realicé al lado de mis compañeros un tramo más corto, de dos días y medio.

Por motivos laborales no podíamos disponer de más días y era el margen que teníamos para poder completar los doscientos diez kilómetros que separaban Ponferrada de Santiago.

Esta aventura fue corta pero muy intensa. Durante esos dos días y medio estuvimos pedaleando sin parar más que para comer, hacernos fotos y sellar las credenciales, pero mentiría si no dijera que me divertí mucho y que la experiencia me ayudó mucho en mi preparación para la *Titan Desert* cuando regresé, porque no hay nada mejor para mejorar físicamente y psicológicamente que intentar mantenerte detrás de gente mucho más fuerte que tú, sin duda este hecho puede hundirte o hacerte más fuerte, y a mí en estos pocos días me hizo más fuerte, y me enseñó a soportar el paso del tiempo en la distancia para conseguir un objetivo, y en parte esta experiencia hizo que los siguientes meses, e incluso años, no me resultase nada difícil entrenar solo para alcanzar mis retos.

A mediados de dos mil trece, después de haber atravesado el desierto en bicicleta y haber redefinido mi concepto del deporte, esfuerzo y sacrificio, y en plena preparación para afrontar mi primer *Ironman*, decidí irme de nuevo a realizar el camino.

A falta de un mes para esta prueba empecé a disfrutar de mi tiempo de vacaciones laborales. La primera semana de ese mes, aún con muchas dudas e incertidumbres sobre si podría superar la parte de nadar los casi cuatro kilómetros en el mar y poder completar el resto de la prueba, decidí volver a montarme en mi bicicleta de montaña y poner rumbo una vez más a Santiago, a cumplir de nuevo mi promesa, y sobre todo a pensar y recapacitar lo que estaba haciendo, a buscar las fuerzas necesarias para afrontar la recta final de la prueba y superar las dudas.

En ese momento sabía que no era lo más apropiado, pero era lo que más necesitaba, y es que no era muy conveniente que en mitad de mi preparación para afrontar mi primer triatlón de distancia *Ironman* hiciese un alto en el camino como este, pero precisaba hacerlo, algo en mi interior me lo pedía.

Era la vez que más fuerte me encontraba físicamente, y sabiendo que los kilómetros los iba a recorrer igual, sólo llevaba planeado el primer día, el resto del tiempo quería aplicar lo que había aprendido en otras experiencias, pero esta vez en solitario, avanzando sin saber a dónde y amoldándome a la situación llegado cada momento.

Al poco de comenzar esta aventura ya me iba a dar cuenta que no iba a ser un camino normal, mi físico me respondía bien, pero mi cabeza no quería avanzar, y el frío, viento y lluvia que me estaba encontrando en esta ocasión no ayudaban.

Lo cierto es que nunca he sido una persona que me haya importado mucho entrenar o trabajar bajo la lluvia, ya que en remo solíamos hacerlo todos los días independientemente de las circunstancias, pero la verdad es que ir recorriendo los kilómetros de esta manera bajo la fuerte lluvia y soportando el intenso viento, me iba minando la moral poco a poco.

Durante todos estos días sentí que estaba siendo un camino especialmente raro, no encontraba casi a ningún peregrino, rodaba y rodaba horas solo, el tiempo era muy cambiante, pasábamos de un fuerte sol a una incesante lluvia en instantes, pero sobre todo mi cabeza no quería empujar, se sentía cansada y no quería motivarme.

El cambio de mentalidad en este Camino fue en la etapa de subida al Cebreiro. Durante las cuatro anteriores veces no había conseguido subirlo sobre la bicicleta, y en esa ocasión, pese a saber que estaba mejor físicamente y dudaba de mi cabeza, me propuse ascender como fuese a fin de cambiar mis sensaciones y esa situación que estaba viviendo. Con mucha confianza en toda mi preparación previa y creyendo en mí mismo, fui subiendo poco a poco cada metro de esa montaña hasta llegar arriba y coronarlo como antes no había podido, para gritar con todas mis ganas **¡"Lo hice, lo he subido"!**

Desde ese momento todo dio un giro radical, y comencé a disfrutar del camino desde otro punto de vista, y pese a que seguía rodando y pasando muchas horas en solitario, cada vez me encontraba mejor y me sentía mejor. El sol seguía sin hacer acto de presencia, pero en ese punto y tan cerca de Santiago ya me daba igual.

Con el paso de los kilómetros llegué de nuevo a Santiago, y una vez recogí la Compostelana y pude ver de nuevo el botafumeiro, puse de nuevo rumbo a mi casa, pero esta vez no lo hacía en tren como en las anteriores ocasiones, esta vez volvía en sobre mi bicicleta. Mi casa está a unos setenta kilómetros de Santiago, y como en esta ocasión había alargado un día más el camino y ya era el momento de retomar de nuevo mis entrenamientos para el *Ironman*, en ese instante decidí volver entrenando, dando así comienzo de nuevo al ciclo de entrenamientos. A los pocos kilómetros me daría cuenta de que todo ese regreso iba a ser más difícil de lo que me había imaginado. Pese a que era una ruta que conocía mucho de otros entrenamientos, pero no por ello iba a ser más fácil de completar, al contrario, el conocer el recorrido y la distancia que me quedaba en cada momento dificultaba con creces mi regreso.

Durante toda esta experiencia viví momentos muy complicados. Tengo uno muy marcado. Me encontraba tan calado por la lluvia, que sólo pensaba en llegar al siguiente pueblo y volverme a casa en un bus, pero lo cierto es que no fui capaz. Llegué a ese pueblo, comí y continué, y sin duda haber hecho eso había valido la pena, seguir en vez de abandonar había valido la pena, porque como cada vez aprendí muchas cosas, y en esta ocasión me vine con una valiosa lección aprendida, y es que **"debemos respetar el valor de cualquier cosa que vayamos hacer, aunque sea repetido o nos sintamos más fuertes para afrontarlo que en otras ocasiones, porque cada vez es única e irrepetible"**

En esta ocasión el Camino hizo que aprendiese a conocerme mejor física y psicológicamente. Hubo momentos en los que me sorprendí mucho a mí mismo, subiendo y encarando tramos del Camino donde otros años me había bajado de la bicicleta, y aprendí a encarar y contemplar subidas, que otros años me parecían interminables cuestas improbables de alcanzar, como un trámite más, superando el objetivo cada día, con respeto, pero con confianza. Una vez más, había cumplido mi palabra y había disfrutado, sufrido, gritado, sonreído, desesperado, y divertido como nunca.

Una vez más el Camino y su magia no me habían defraudado, y pude regresar a casa con más ganas, más fuerza y sobretodo más confianza para afrontar el poco tiempo que me quedaba antes del *Ironman*. Sentía que podía conseguirlo y que pese a los temores y las dudas, podía completar la prueba, porque estaba entrenado, y día tras día había realizado el trabajo necesario para conseguirlo. Sabía que ese día sólo debía colgarme la medalla.

La conclusión más grande que saqué en este Camino, es que si tu cabeza no quiere, por mucho que tu cuerpo quiera avanzar, llegará un momento que no pueda más, pero si por el contrario si tu cabeza quiere, confías en ti y lo crees, tu cuerpo hará lo que sabe, y te llevará a donde quieras.

A finales de ese año dos mil trece había cumplido todos los objetivos, había completado el *Ironman* y la *Titan Desert*, y sentía que mi vida volvía a estar de nuevo en un punto de comienzo. Quería emprender una vez más un nuevo camino hacia mis motivaciones, por eso por segunda vez en ese mismo año dos mil trece, volví a montarme en mi bicicleta y con la compañía de un buen amigo, que ya el año anterior me había acompañado en mi segunda peregrinación, nos pusimos de nuevo en ruta.

En esta ocasión sufrí muchísimo más físicamente que en ningún Camino, de nuevo mi compañero y yo planificamos una parte del camino a realizar en dos días y una noche, ya que por nuestros trabajos no podíamos hacerlo de otra manera. Era el tiempo que teníamos para completar los doscientos sesenta kilómetros que nos separaban desde la salida a Santiago.

Este Camino fue muy intenso. El primer día, debido a nuestros trabajos, tuvimos que embarcarnos a última hora de la noche, tras toda nuestra jornada laboral, en un bus rumbo a Astorga, y sin dormir nada desde el día anterior, comenzar a pedalear a las cuatro de la mañana con las luces de las bicicletas puestas.

Esa primera etapa la recuerdo muy bien, ya que estuvimos bajo una intensa lluvia y viento durante los ciento cuarenta kilómetros de la ruta sin parar más que para comer y cambiarnos de ropa y guantes en varias ocasiones. En esta parte de la ruta y ya desde el principio me encontraba totalmente sin fuerzas, lo cierto era que de las pruebas de ese año me habían agotado, y no me sentía bien físicamente. Pero si me encontraba muy bien de cabeza, y sin duda haber completado mi primer *Ironman* un mes antes me había dejado sin energías pero me había dado una confianza y unas ideas que hacían que avanzase y pensase en que era posible, porque en esos momentos mi cabeza tenía una fuerza desmesurada, y yo me lo creía.

Fueron días muy intensos, donde estuvimos cuarenta y cinco horas sin dormir rodando sin parar antes de descansar un rato y continuar hasta Santiago. Horas en las que aguantamos y continuamos, y pese a bromear con dejarlo alguna vez, nunca lo hicimos, nunca nos tomamos en serio lo que decíamos, continuando hasta el final.

Fue uno de los Caminos en los que más he sufrido muscularmente, aparte de sentirme exhausto, y donde me sentí que no tenía fuerzas para más, pero poco a poco y con las ideas claras, y por supuesto con la ayuda de mi compañero, pudimos llegar. Aprendí que con un pensamiento se puede ir al fin del mundo, porque si tienes una idea y una convicción no te para nadie, ni tú mismo, porque tú avanzas y evolucionas con esa idea.

Los dos juntos nos forjamos remando, y sabíamos cómo empujar el uno del otro, y a base de muchas horas y mucho trabajo de cabeza, al final pudimos juntos, como un equipo, llegar a Santiago.

En este Camino, fue donde nació la idea de lo que sería el gran mes Tasende que encararía al año siguiente, el gran mes donde iba a intentar completar una serie de varias pruebas extremas, de manera consecutiva a la vez que seguía con mi trabajo y mis entrenamientos.

En dos mil catorce y tras haber completado con éxito este gran mes, me rondaba una nueva idea en mi cabeza, una idea que me hacía sentir más motivado que nunca, pero al no saber de que forma llevarla a cabo, decidí que era un buen momento para solicitar mis vacaciones y regresar al Camino a buscar mis ideas y a inspirarme de nuevo para continuar.

Acompañado de nuevo por mi viejo amigo, planteamos hacer en dos días el recorrido que separa León de Santiago, unos trescientos kilómetros sin parar hasta llegar a la plaza del Obradoiro, donde está la catedral.

Era nuestro mejor momento, estábamos preparados física y psicológicamente, llevábamos tiempo preparándonos juntos día tras días, semana tras semana, con las bicicletas de montaña, y nos conocíamos bien. Era un plan arriesgado y muy ambicioso, pero las ganas no nos faltaban y queríamos hacerlo así, de esa manera.

Lo cierto es que hoy en día, cuando lo hablamos, aún nos cuesta creer lo que hicimos, porque pese a los reiterados pinchazos que sufrimos y a los muchos problemas que nos fueron apareciendo, al final pedaleando sin parar y convencidos de que podíamos completamos el itinerario marcado. **Porque lo cierto es que siempre encontramos un cómo a todos los porqués que nos aparecían.**

Al regresar a casa tras volver de esta aventura, vislumbré la verdadera idea de lo que tenía que hacer tras las vivencias de esa peregrinación. Decidí intentar llevar mi mensaje a la gente, y transmitirles que si yo puedo, todos pueden conseguir todo aquello que se propongan si tienen confianza y creen en ello hasta el final convencidos.

Con el paso de los años he visto como mi promesa se convertía en una necesidad, porque si bien es cierto que la idea inicial era la de cumplir mi promesa de peregrinar a Santiago, tras realizar la primera peregrinación y comenzar la segunda, descubrí que se había transformado en una necesidad que tenía que realizar año tras año y que me ayudaba en mi vida, más allá del camino. Recuerdo haber vivido muchos buenos y malos momentos con gente maravillosa a lo largo de todos los kilómetros del Camino que he completado. Caminos que sin duda han valido la pena gracias a toda esa magia que me tiene enamorado y por la que hago lo que hago año tras año.

Con el paso de los años y de todas mis aventuras como peregrino, una idea se hace más fuerte en mí, porque cada vez que me subo a la bicicleta sabiendo que todo depende de mí, surgen momentos que te demuestran que todo es posible, que todo lo que te propongas es posible si crees en ello. Si tienes la confianza, las ganas y la motivación suficiente para lograrlo, sin duda reunirás las fuerzas necesarias para conseguirlo, para ir superando cada momento, cada fase, cada instante, **porque al final tú eres el dueño de tus decisiones, tú eres dueño de tu destino, tú, con tus actos marcas tu propio camino.**

¿La explicación? Es difícil, es una necesidad… bueno, más que una necesidad es un sentimiento. Porque ¿cómo le explicas a alguien que no ha hecho el Camino, lo que se siente al hacerlo? ¿Lo que se siente al escuchar a lo largo de toda la ruta "Buen Camino"? ¿Qué se siente cuando siendo un desconocido, la gente te tiende su mano en lo que necesites? ¿Qué se siente cuando con sorpresa te encuentras a un compañero en mitad de ninguna parte, que puede acabar siendo tu compañero de viaje y amigo? ¿Cómo explicar el orgullo que se siente al contemplar el mapa y ver los kilómetros recorridos y los sellos marcados en la credencial? ¿Qué se siente al ponerte delante una bandeja de comida tras un día exhausto bajo el sol y disfrutar de un momento mágico antes de acostarte con una sonrisa?

Los peregrinos aman la naturaleza, lo auténtico, lo natural. El Camino te hace redefinirte y encontrarte a un nivel mucho más profundo de lo que uno mismo puede imaginar la primera vez que lo va hacer, porque ¿qué se siente al saber que cuando quieres llegar a Santiago y te comprometes a ello, no se falla? ¿Qué se siente?

Realizar el camino es más que una necesidad o una promesa, es un sentimiento, una pasión que nace de las grandes y de las pequeñas cosas que te van sucediendo, una pasión que viene de los ríos, las montañas, de los senderos y caminos que cruzas, del campo y de las ciudades que atraviesas, de los desconocidos, peregrinos y amigos que te encuentras en cada punto del camino, de cada uno de nosotros, al darnos cuenta de que no se falla ante un objetivo que te tiene convencido para conseguir.

Por eso, desde hace años realizo el Camino de Santiago, aunque mi promesa pueda estar saldada, por eso, en cada rincón del camino, desde diversos lugares del mundo, y cada uno con su motivo, pero todos juntos y conectados, cada uno a su manera, pero todos juntos, realizamos el Camino, porque cada uno de esos peregrinos tiene un porqué, con razón o sin razón, pero tienen un porqué, porque el corazón tiene motivos que la razón no entiende.

En mi vida las mayores aventuras y retos que he afrontado, al igual que las mayores decisiones que he tomado, han sido tras reencontrarme conmigo mismo en uno de estos Caminos, porque durante ese proceso encontré las respuesta que buscaba a las preguntas que en ese momento me hacía, y aunque a día de hoy no sepa muy bien cómo explicar este hecho, en esos momentos sabía lo que debía hacer y cómo lo tenía que hacer.

A lo largo de todos estos caminos, he aprendido muchas y muy variadas lecciones de vida, en diferentes experiencias que he afrontado tanto positivas como negativas, y sin duda cada una de ellas me ha demostrado de lo que somos capaces en cada momento, y me han inculcado unos valores, unas ideas y unas creencias, que sé que sin haber vivido estas aventuras no hubieran sido posibles, y sin duda una de las mayores experiencias que he sacado de todas estas vivencias y que es una de las ideas que cada año se hace más fuerte en mí, es la esperanza, porque creo, que hoy por hoy, lo mejor que le puede regalar una persona a otra es esperanza, porque si una persona tiene esperanza es imparable, porque si una persona tiene esperanza puede llegar a donde se lo haya propuesto, porque si tienes esperanza puedes lograr hacer y completar todo aquello que quieras porque sabes que tienes una razón para hacerlo, porque tienes esperanza en una causa, y con ello una motivación muy fuerte para llevarlo a cabo hasta el final, sin rendirte, sin cesar, sin abandonar hasta el final.

Lo cierto es que el camino me llena de esperanza y me reconforta, y pese a que en su día lo hice como una “obligación” a mi promesa, desde la segunda vez que lo completé, descubrí que me encanta, que tiene una magia especial, que depender de mí, de cargar con lo necesario y nada más, me transmite una sensación de libertar que nada más me lo da, y cada año deseo entre nervios y ganas que llegue, porque sé que cuando regreso vuelvo con nuevas y refrescantes ideas, con más ganas y esperanza, y sobre todo con la motivación y mis propias creencias más reforzadas.

Porque en ocasiones no te tienes que cruzar el desierto o hacer varios *Ironman* en un mes, en ocasiones para encontrarte a ti mismo, y saber qué es lo que quieres y de lo que eres capaz, solo te hace falta una mochila y muchas ganas de aventuras.

BUEN CAMINO, PEREGRINO.

Con el paso de los años, al igual que he ido ganando experiencia en mis diferentes peregrinaciones, mis mochilas se han ido haciendo más pequeñas y la carga que he ido soportando a lo largo de todos los kilómetros se ha reducido. Seguramente con el paso del tiempo y la experiencia puede que llegue un momento en que pueda prescindir de algo más, pero hoy por hoy, esto es todo lo que llevo para realizar estas aventuras, ya sea verano o invierno y haga sol o llueva.

LISTADO MATERIAL:

Lo primero e indispensable a la hora de montar en la bicicleta es llevar un buen casco y unas buenas gafas de protección. Yo, desde la segunda vez que lo realicé, monto ruedas con sistema antipinchazos para minimizar las averías; los terrenos por los que se pasan son muy variados, y en cualquier momento siempre se puede pinchar. Todos los años, el soporte de las alforjas que he montado es un sistema que va sujeto al chasis de la bicicleta, no va al eje de la rueda, porque así en caso de avería mecánica en la rueda trasera o en el sistema de transmisión, ya sea la cadena o el sistema de cambio, se puede trabajar de forma localizada sin tener que desmontar el portabultos y las maletas. Las alforjas que llevo son siempre dependiendo de la distancia y los días, unas alforjas laterales y otra superior, donde guardo todas las cosas dentro de bolsas de plástico para evitar sorpresas al necesitar algún material y que esté mojado o sucio. Para acabar, llevo siempre una luz delantera para alumbrar y otra trasera para señalizar. Son muchos kilómetros y hay que estar prevenidos para que te puedan ver bien.

En cuanto a soporte siempre llevo un pequeño kit de herramientas capaz de solventar cualquier avería más o menos normal, entre estas herramientas llevo bridas, una multillave que incorpora las necesarias para montar y desmontar cualquier componente de la bicicleta y un tronchacadenas por si se rompe o parte la cadena. En este conjunto tan pequeño y no muy pesado se tiene todo lo necesario y que nos pueda hacer falta. También llevo desmontables, parches y una cámara de aire, porque nunca sabes si podrás completar la ruta completamente sin pinchar alguna vez, o si por el contrario tendrás algún susto. En este pequeño kit siempre llevo, además, un cúter y un candado.

A la hora de llevar la ropa, independientemente de los días que vaya o si llueve o no, llevo por norma general solo este material, aunque parezca poco, en los albergues hay zonas donde se pueden lavar las prendas que se usan y dejarlas secar, al igual que hay lavadoras y secadoras, ya que sería una locura cargar con el mismo número de conjuntos que días pueda durar la ruta.

Suelo llevar dos equipaciones de ciclismo completas, perneras y manguitos para ponerme si llueve o hace frío, y que se pueden quitar fácilmente, y también las zapatillas para pedalear. Asímismo, llevo dos conjuntos de ropa interior, incluido los calcetines, un pantalón, dos camisetas cortas y un jersey polar para los momentos después de cada etapa, al igual que unas zapatillas deportivas. También llevo una prenda térmica y una chaqueta para la lluvia y el viento, que son finas y pesan poco, pero que son muy efectivas para el viento y la lluvia, y por último un protector para el frío de cuello y cabeza, y unos guantes.

Para todos los caminos también es necesario llevar un pequeño neceser donde podamos tener lo más necesario e indispensable, una toalla y unas chanclas para poder asearnos cuando lo necesitemos, una manta térmica que pese poco y nunca sabemos cuando podremos necesitarla, toallitas húmedas para casos de emergencia, tapones para dormir si no conseguimos conciliar el sueño con los ruidos de los demás peregrinos, crema de sol para las largas horas rodando, champú, crema de dientes y cepillo para poder mantener una buena higiene, y por último, yo siempre llevo un pequeño juego de tenedor, cuchillo y cuchara porque nunca se sabe dónde y cómo tendrás que comer.

Indispensable también es el saco de dormir para pasar las noches en el sitio que sea necesario, al igual que una almohada hinchable para poder conciliar el sueño bien. También llevo el móvil, una batería externa, un cargador y un enchufe, ya que no sabemos si tendremos todos los enchufes ocupados o libres, y llevando un pequeño enchufe, podremos conectar nuestros móviles sin molestar a nadie por desenchufar los suyos. El reloj también es algo indispensable, porque aunque no queramos seguir una ruta o unos tiempos, es necesario saber el tiempo que nos queda para poder llegar al siguiente albergue.

Por último, y aunque no es totalmente necesario, pero si te puede salvar de algún que otro apuro, equipo una bolsa estanca donde poder llevar la credencial, un mapa y un bolígrafo, una luz aparte de la de la bicicleta para poder de noche deambular por los recintos donde nos alojemos, y por último una cámara de vídeo.

En total son unos ocho o nueve kilos de material contando las mochilas y los soportes de las alforjas, y si bien es cierto que es probable que pueda prescindir de algo con el paso del tiempo, lo cierto es que por ahora estoy contento de este peso y el material que llevo, ya que la primera vez que lo hice partí con diecisiete kilos de **¿y si´s? ¿Y si llueve? ¿Y si hace frío? ¿Y si me caigo?** Desde ese momento y poco a poco con el paso y la experiencia de los Caminos, he disminuido progresivamente el peso sin que eso haya influido en la necesidad de cada material durante la peregrinación.

Pese a que todo esto que digo aquí corresponde a mis Caminos en bicicleta, es perfectamente aplicable si lo queremos hacer andando. Antes de todas esta peregrinaciones, siendo aún más pequeño, en una excursión con el colegio realizamos las últimas etapas del camino de Santiago desde Sarriá andando, algo más de cien kilómetros, y el material que llevé no fue muy distinto a este. Hoy en día, si tuviera que realizar de nuevo otra vez andando el camino, el material que llevaría sería el mismo que en la bicicleta, cambiando las herramientas de la bicicleta por otros útiles, y la ropa para pedalear por ropa para caminar.

Sea como sea, llevar siempre lo que creáis que vais a necesitar, y no lo que penséis que necesitaréis, porque si llevamos más de lo que necesitamos, pensando y haciendo una mochila de ¿y si´s? al final cargaremos innecesariamente con más material del que usaremos.

Mi filosofía, mis creencias, mis detalles

La Real Academia define la palabra imposible como algo que no tiene facultad ni medios para llegar a ser o suceder, y define improbable como algo inverosímil que no se funda en una razón prudente.

Desde que volví a nacer, siempre que he tenido que escoger preferí elegir la improbabilidad a la imposibilidad, supongo que como todo el mundo, porque en el fondo la improbabilidad sabemos que duele menos, porque deja un resquicio a la esperanza, a la épica.

Que yo pudiera volver a caminar era improbable, pero sucedió. Que pudiera bajar cuarenta y cinco kilos y competir en remo y tiro con arco tras el accidente era improbable, pero sucedió. Que pudiera cruzar el desierto en bicicleta, era muy improbable, pero también sucedió. Realizar mi primer *Ironman*, y después el segundo y el tercero era improbable y nadie apostaba por mí, pero con mucho trabajo, esfuerzo y sacrificio, volvió a suceder.

La pasión, las motivaciones, las relaciones y los sentimientos no se fundan en una razón prudente, por eso no me gusta hablar de que hay cosas imposibles, sino que las cosas son improbables. Porque lo improbable es por definición probable, y lo que es casi seguro que no pase, es que pueda pasar, y mientras tengamos una posibilidad, media posibilidad entre mil millones de que pase, sin duda vale la pena intentarlo hasta el final con todas nuestras ganas, porque lo que creemos que es improbable, sólo tarda un poco más en que sea probable.

A lo largo de mi vida descubrí que hay momentos en que una sola decisión, en un solo instante, puede cambiar irremediablemente el curso de las cosas, como cuando decides levantarte al caer, o como cuando peleamos por lo que queremos sin importarnos lo que digan los demás, o simplemente cuando decidimos hacer algo en lo que creemos, aunque nadie confíe en nosotros y nos encontremos solos. Esa décima de segundo puede llevarte a conseguir todo lo que te propones, o puede hacer que no lo consigas, podrá hacer de ti la persona que quieres ser, o no llegar a conseguirlo, pero siempre será algo de lo que no te arrepentirás al repasar tu vida por no haber intentado hacer, porque quizás puede que salga mal, pero ¿y si sale bien?

Lo cierto es que la vida no es nada fácil cuando cualquier acción que damos por garantizado, y que es de lo más cotidiana, se transforma de golpe en algo extraordinario, y ya no físicamente, sino psicológicamente, se vuelve muy complicado. Cuando tras un accidente que te deja totalmente sin capacidad de reacción, y estás en plena rehabilitación, el hecho de realizar una acción tan cotidiana como cerrar o abrir una mano, se convierte en ese momento en una quimera, y el saber cómo hacerlo y tener el recuerdo de que lo has hecho en muchas ocasiones, frustra mucho cuando mirando las manos, y pensando en dicha acción, estas no se inmutan, y en ese momento sólo tienes miedo.

Todo ese proceso es sin duda muy complicado, y conlleva un trabajo muy grande de cabeza, en ese momento tienes que buscar las ganas y las motivaciones que te ayuden a pensar en seguir, en pensar en lo que quieres, y olvidarte así de lo que estás perdiendo en ese momento, y tomar la decisión de continuar adelante sea como sea en ese instante.

En momentos así tienes miedo, pero no es malo tener miedo, es lo normal, lo malo es dejar que el miedo domine tu vida ante esos problemas, porque entonces no tendrás vida, sólo miedo.

Si bien es cierto que hasta antes del accidente yo era muy miedoso con todo lo que no comprendía, y no intentaba razonar la situación para enfrentarme a esos miedos, después del accidente decidí no tener miedo nunca más, sino mucho respeto a todo, pero no miedo, y con el paso de los años comprendí que siempre hay y habrá situaciones en las que, inevitablemente, lo sintamos por no estar preparados para lo que nos va a suceder, pero es justo en ese momento donde intentando comprender lo que nos sucede, podemos reunir el valor para enfrentarnos a ese miedo que no comprendemos. Porque el miedo no es real, el único lugar donde puede existir el miedo es en nuestros pensamientos sobre el futuro, ya que nuestros miedos son sólo un producto de nuestra imaginación, que hace que temamos cosas que ni existen en el presente, y posiblemente nunca existirán en el futuro. Creer que el miedo no es real casi roza la locura, pero es cierto, el miedo no es real, el peligro a la hora de afrontar los problema de la vida sí es real, pero el miedo es una opción que todos podemos aceptar o no.

Los miedos son como la familia, que todo el mundo tiene unos, pero aunque se parezcan, los miedos son tan personales y diferentes como pueden serlo todas las familias del mundo.

Hay miedos tan simples como conducir un coche, miedos con los que uno aprende a ir conviviendo, hay miedos hechos de inseguridades, miedo a quedarnos atrás, miedo a no ser lo que soñamos, a no dar la talla, miedo a que nadie entienda lo que queremos ser. Hay miedos que nos va dejando la conciencia, el miedo de ser culpables por lo que les pase a los demás, y también el miedo a lo que no queremos sentir, a lo que no queremos mirar, a lo desconocido, Como el miedo que se sentimos ante una enfermedad o una discapacidad, y muchas veces, debido a la falta de información, ese miedo hace que no sepamos cómo poder ayudar a la gente que necesita nuestra ayuda aunque no la pida, pero la necesita, por eso en esos momentos debemos liberarnos del miedo, debemos ser nuestros propios líderes, y pese a que en ocasiones cueste, cuando se empieza, lo único que se debe hacer es seguir y no dudar, ya que cuando nosotros mejoramos, todo nuestro entorno mejora, y de pronto te das cuenta que el miedo ya no te pertenece, que ha desaparecido, porque por encima de todo somos personas con sentimientos y emociones, somos personas con una grandeza única y extraordinaria, porque podemos ser felices, porque la felicidad es la ausencia del miedo, y no debemos tener miedo a ser felices, a brillar, porque en el fondo de cada uno de nosotros tenemos una fuerza desmesurada que tenemos que sacar a la luz y dejar brillar, porque al liberarnos de nuestro propio miedo, nuestra presencia libera automáticamente a otros.

Recuerdo que de pequeño escuché hablar de la teoría de un sociólogo, que me dejó muy impresionado, Maslow, que decía que todos buscamos las mismas cinco cosas en la vida.

Él lo llamó la jerarquía de las necesidades humanas. Según Maslow lo primero que buscamos es la supervivencia, la salud que nos permita seguir viviendo, lo segundo es la seguridad, sentirnos protegidos a salvo en nuestra casa, en nuestros trabajos con nuestras familias, después está el amor, el postulaba que nadie puede vivir sin tener amor, o sin buscar el amor en los amigos, en la pareja o en la familia. Maslow afirmaba que nadie puede vivir solo, porque acabaría muriendo de pena. La cuarta es el reconocimiento, que los demás valoren lo que hacemos, la confianza y el respeto en nuestras decisiones, aunque nos equivoquemos, y la última es la autorrealización, intentar encontrar nuestra propia naturaleza, la felicidad plena, sentirnos parte de algo especial, y único, el plan perfecto de nuestras vidas.

De esa manera nos empeñamos en buscar la felicidad cada día, y no nos damos cuenta que es ella quien tiene que encontrarnos, y eso será donde menos te lo esperas, y cuando llegas descubres que ahí no acaba todo, que el final de un camino sólo es el comienzo de otro, y lo único que importa son las personas que escoges para que caminen a tu lado, y el miedo, la felicidad y el resto de la pirámide, es lo que menos te importa. Lo que te importa es que en ese momento estás tocando con la yema de los dedos eso que has estado soñando toda tu vida, y te das cuenta que ya solo importa el hoy, el presente, y lo que queda por venir.

A lo largo de nuestro camino, cada vez que tomamos una decisión y emprendemos un nuevo camino, la vida nos pone una serie de pruebas y obstáculos que nos parecen infranqueables, y aunque no queramos, siempre nos toparemos con gente tóxica, ladrones de sueños que nos dirán que no podemos, que es demasiado difícil, que mejor ni lo intentemos. Posiblemente, como a mí en muchas ocasiones, te dirán que lo dejes, que no merece la pena, que no lo conseguirás, que no lo hagas para no decepcionarte a ti mismo, pero ahí más que nunca debes seguir adelante, mirar a tus objetivos, tenerlos muy claros y creer en ellos, y no dejar que el mundo exterior te condicione o te cambie, porque si tú sabes que es lo correcto, debes de ir a por ello, sólo debes pelear contra ti mismo y continuar persiguiendo tus sueños.

Durante estos años he visto que hay mucha gente que se dedica más a envidiar y cuestionar los logros de los demás, que a esforzarse ellos mismos, y muchas veces menosprecian lo que hacen los demás, sin pararse a pensar en lo que esa persona se está sacrificando y esforzando para conseguir su objetivo día a día, y no se cuestionan que quizás si ellos mismos no haciendo necesariamente lo mismo, pero si llevando a cabo con todas sus fuerzas lo que ellos quieren, podrían llegar a culminar su sueño, tal y como hacen a los que critican, de otra manera solo son gente tóxica, ladrones de sueños que no se merecen estar a tu lado.

En la vida deberíamos criticar y cuestionar menos a los demás en sus logros, y actuar más en nuestros sueños.

Pase lo que pase en nuestras vidas nunca debemos olvidar por qué luchamos, por muy mal que estén las cosas. Si es necesario debemos pararnos, respirar profundamente y volver a encontrar el sentido a lo que hacemos, por lo que luchamos cada día en cada instante, porque así, llegado el momento, daremos lo mejor de nosotros mismos.

Es posible que a lo largo del tiempo, pasemos temporadas solos, y en esos momentos tu mente puede ser tu peor y mayor enemigo, nunca sabes cuándo o cuánto te puede afectar el encontrarte solo. Si estando solo te encuentras bien, todo es alegría y color, hasta parece que no cuesta hacer las cosas, y te da igual la hora, el entorno o las condiciones, que tú lo haces igual, pero ¿y cuando van mal las cosas? ¿Qué pasa cuando no eres capaz de hacer lo que quieres, qué pasa cuando no cumples los objetivos y no has llegado a tiempo, o cuando no queremos hacer lo que toca ese día pero debemos hacerlo igual? ¿Qué pasa cuando miras, y fuera está lloviendo y hace frío, y no hay nadie que tire de ti para continuar? ¿Qué pasa entonces?.¿Abandonamos?, ¿lo dejamos?, ¿luchamos solo cuando nos apetece? ¡Pues no!, porque siendo realistas, si nos esforzamos y trabajamos solo cuando nos apetece, al final casi nunca conseguiremos los objetivos, porque al fin y al cabo todos tenemos objetivos, sean como sean o por lo que sean, siempre hay una razón, y a veces esta razón, si estamos solos y nadie nos lo recuerda, parece que no tiene suficiente peso ante nuestra mente, y es cuando no nos esforzamos, y cuando nos entran las dudas y las indecisiones. Es normal, todos tenemos momentos así. Mentiría si no dijese que más de una vez pensé en quedarme en cama en vez de levantarme a las seis de la mañana para ir a una carrera, donde además ya sabía que acabaría último, o un día de lluvia quedarme en casa, en vez de mojarme y pasar frío. Momentos que si tienes a alguien y tira de ti, haces igual, hasta que llega el momento de nuevo en el que te sientes bien. ¿Cuántas veces fuimos capaces de entrenar sin ganas por tener con quién hacerlo? Sin embargo, en ocasiones si es por nosotros no seguimos, entonces ¿cómo afrontarlo?, ¿cómo mejorar con nosotros mismos?, ¿cómo mantenernos motivados para continuar?.

Pues bien una cosa que aprendí y que tengo claro, es la importancia de estar motivado, es la clave, la importancia de tener bien clara la razón por la que haces lo que tienes que hacer cada día para llegar a tu objetivo, y sin duda si tienes claro eso, eres y serás capaz de mantenerte cada día haciendo lo que hay que hacer, y como todos, habrá momentos malos, donde se pueden usar recurso para seguir, porque lo importante es seguir, y yo, cuando me encuentro en esos momentos duros y solo, me pongo música para distraerme y motivarme, como algo para distraiga mi atención de ese momento, y eso hace que durante el ejercicio al principio no lo piense y sólo comienzo, o simplemente visualizo momentos pasados, momentos épicos que me gustaron, momentos que si no fuera por todo el trabajo que hice antes, no hubiesen sido posibles hacer, y es ahí donde me hago un pregunta y me olvido del resto, **¿qué es lo que quiero, qué es por lo que llevo tanto luchando?** y si tienes clara esa respuesta, podrás seguir, podrás continuar, y de tu cabeza desaparecerán otras preguntas como: **¿por qué hago esto? ¿por qué es necesario hacerlo?**

Para mi la motivación es ver hasta dónde puedo llegar en cada momento, qué es lo que puedo hacer, y cuánto conmigo mismo puedo mejorar. Por eso gracias a esto me levanto cada día con ilusión y optimismo, salgo a realizar lo que tengo que hacer en cada momento por conseguir sumar cada día detalles que me hagan estar más cerca de mi objetivo, para poder optar a ese gran desafío que me planteé, aún cuando no quiero, incluso cuando no me apetece, aún cuando es mejor quedarse en el sofá de casa al calor, que estar pasando frío bajo la lluvia, y a pesar del cansancio o de las horas de sacrificio, salgo y hago lo que tengo que hacer, porque esa razón por la que lucho, en el fondo está, y es mayor que cualquier excusa que yo me pueda poner, y mientras tenga esa razón o esa causa para seguir, seguiré aun cuando no quiera, porque sé que eso solo será un momento, un instante de debilidad, un suspiro que en cuanto empiece a hacer lo que me gusta, desaparecerá y volverán las razones, las verdaderas razones por las que hago todo esto.

Si tienes una motivación no te para nadie, ni siquiera tu mayor enemigo, que en este caso y muchas veces eres tú mismo, porque da igual la dificultad de lo que te venga por delante, el tiempo que te lleve realizar cada acción, o lo complicado o inalcanzable que parezca lo que sea que quieres, porque si realmente tienes una razón para hacerlo, si tienes una fuerte motivación para continuar, de una manera u otra lo conseguirás, eso es así.

Si tu razón es suficientemente grande para sobreponerse a todas las dudas, pereza o momentos difíciles, acabarás logrando hacer cada día lo que quieres y debes, para lograr lo que deseas. Y esto no se aplica sólo al aspecto deportivo, esto puede aplicarse a cualquier momento o situación de nuestras vidas, del día a día, de cada momento.

Todos, día a día, superamos nuestros propios *Ironman*, sea cual sea, el objetivo es avanzar, porque si avanzas, mañana estarás donde hoy no imaginas que podrías llegar, porque la vida es constante adaptación y evolución.

Suena muy bonito, y no parece verdad, parece más bien un anuncio publicitario o algo similar. ¿Conseguir lo que quiero? ¿De una manera u otra? pues **SI**, pero tienes que estar dispuesto a hacer lo necesario para conseguirlo, y con esto no quiero decir que tengamos que pisar a nadie, quiero decir que puedes desear con muchas ganas una cosa, que si cada día no haces lo que tienes que hacer, sumando poco a poco y cuidando los detalles, al final es obvio que no lo conseguirás, pero, por el contrario, si cada día trabajas en cada detalle que la vida te pone delante, poco a poco cada vez estarás más cerca de tu objetivo y evolucionarás con él.

Es muy difícil estar motivado todos los días, cada uno de nosotros podemos tener una o varias motivaciones, incluso ninguna, pero como dije antes, una motivación, puede ser el deporte, pero también la pareja, la familia o el trabajo. No importa cuál es la razón que te mueve, lo que importa es que lo hagas, lo que importa es que encuentres esa gasolina que te mueve, porque ella hará que llegues a sitios que ni imagines. Por eso si tienes claro el objetivo final, cada día encontrarás la manera de hacer lo que tienes que hacer, en pequeños gestos, añadiendo nuevos detalles a la lista y haciendo bien los deberes, y por supuesto tendrás momentos malos como todos, lo bueno es que si tu objetivo esta claro, esos días te sobre pondrás y te harán más fuerte, y estar más firme en tu idea.

Es como quien prepara una carrera o un examen, si lo que quieres es superar esa prueba, cada día harás lo que tienes que hacer porque lo tienes claro. Sabes que tienes y debes entrenar o estudiar, aunque llueva, aunque prefieras dormir o bajar con los amigos, aunque la pereza y todo lo negativo te inunde, sabes que debes, y si realmente quieres y lo tienes claro encontrarás el modo de compaginar todo y conseguirlo. Así cuando llegue ese día estarás preparado, y lo mejor de todo, que tú mismo sabrás que estás preparado, y lo que venga ese día hará que continúes, hasta el final, porque pese a las mil excusas y mil motivos que aparecerán para evitar que hagas lo que haces, solo te hace falta una sola razón por la que luchar por lo que quieres.

Una vez que has comprendido que lo imposible se puede conseguir, y has dado el paso tomado una decisión superado tus miedos y dejado de lado a toda esa gente tóxica, lo más seguro es que te verás luchando por lo que quieres y afrontando con motivación cada obstáculo de tu vida y te estarás convirtiendo en la clase de persona que no habías sido hasta ese momento, y habrá llegado el momento en que tienes que estar dispuesto a soportar los golpes para seguir y conseguir lo que te has propuesto, porque todo en la vida requiere un esfuerzo y un sacrificio , y tendrás que tener paciencia hagas lo que hagas, porque las cosas no se consiguen en tres días, y no por ello tienes que dejarlo porque parezca que sufres o que va mal.

Si tu sabes lo que vales, conseguirás lo que te mereces, pero tendrás que resistir y aguantar, porque las cosas requieren muchísimo tiempo y esfuerzo, y no podrás decir que no estas donde querías estar por culpa de los demás, porque eso es lo que hace la gente tóxica, y tu puedes no ser así, tu puedes ser lo que quieras ser, por eso no pienses en qué podrías haber hecho y hazlo, sal a superarte.

Aunque pensemos que no tenemos talento, si podemos trabajar nuestras habilidades con determinación y horas y horas de dedicación a lo mismo, porque el trabajo duro vence al talento cuando este no se está esforzando, y al final no importa tener talento si no se trabajan las habilidades para superarse.

En tu mano está hacer lo que tienes que hacer cada hora, cada día, cada semana para superarte y conseguirlo, porque superarse es continuar cada día haciendo lo que te gusta y motiva, tanto en los momentos buenos como en los malos, porque la recompensa puede ser muy grande y aunque pierdas cosas por arriesgarte, verás que también ganarás muchas más y más importantes de las que vas a perder.

La verdad es que no importa lo grande que sea el peldaño que tienes que superar, la cuestión es avanzar y disfrutar de esos momentos, porque superarse a uno mismo es algo muy grande, y pese a que notemos que alguna vez nos estancamos y que no avanzamos, en ese momento más que nunca debemos superarnos, y tomando impulso poco a poco encontrar ese camino que te ayude a pasarlo, de una manera u otra pero siempre continuando adelante, superándote un poco hoy para que el día de mañana puedas acabar realizando lo que quieres más fácilmente.

Siempre recordaré que cuando salí del hospital caminando, en mi casa tuvieron que quitar todas las alfombras, porque llegaba a la alfombra y no era capaz de cruzarla, porque ni siquiera era capaz de levantar el pie para comenzar a cruzarla. La altura de la alfombra en ese momento para mi era un muro, y pese a que hoy en día hago lo que hago, en ese momento esa tontería para mi era mi *Ironman*, y que tuve que superar y sumar a todo lo que estaba haciendo en ese momento para estar ahora en el punto en el que estoy, por eso creo que todos podemos superarnos.

Por norma general todos creemos que siempre tenemos o nos queda más tiempo para hacer las cosas que debemos, por eso no emprendemos o realizamos cosas que en un momento determinado no nos apetece, y esperamos una señal divina que en ocasiones cuando llega, ya es muy tarde, y en otras ocasiones nos levantamos durante una temporada y nos queremos comer el mundo, queremos hacer todo lo necesario en el menor tiempo posible, el problema es que muchas veces el tiempo se nos echa encima y cuando nos damos cuenta hemos vuelto a lo mismo, por eso no debemos creer que tenemos más tiempo, y debemos disfrutar cada día en cada instante, pese a que trabajemos en unos objetivos futuros, no debemos olvidar el presente, debemos tomar decisiones, no tener miedo, luchar cada día sin que nos importe la gente tóxica, afrontar lo que venga y estar dispuesto a aguantar los golpes, y pagar el precio necesario para superarnos estando motivados cada día. Si cada día al levantarnos nos decimos voy a construir el mejor y mayor muro que se ha visto nunca, cuando acabe el día o pasen las semanas, nos daremos cuenta que no somos capaces, que se nos cae, que queriendo abarcar tanto, no avanzamos. Pero si por el contrario nos decimos cada día al despertarnos, que colocaremos un ladrillo, un solo ladrillo cada día, de la forma más perfecta que sabemos hacer, cuando nos demos cuenta y miremos atrás, veremos el mejor y mayor muro que podamos haber construido.

Antes del accidente pensaba mucho en el futuro, pero hoy en día no me gusta pensar mucho en él, sé que está y es lo que vendrá, pero me gusta y quiero vivir el presente al máximo, como si no hubiese mañana, como si no hubiese un futuro, siendo consciente de seguir cada día sumando para lo que venga, pero no olvidándome del paso que tengo que dar en este momento, aquí, ahora.

Por ello, hoy por hoy me gusta exprimir la vida cada día todo lo que puedo, siendo consciente de que en muchas ocasiones lo hago a costa de mi propia salud, pero la verdad es que no quiero volver a verme quieto, y es cierto que los retos que he completado los he hecho con poco tiempo de preparación, pero no con poca preparación, y no es porque tenga más habilidad que otra persona, o mejores cualidades, o más suerte o mejores recursos, nada de eso, simplemente porque cada vez que me propongo algo, si eso me motiva, se lo que estoy dispuesto a sacrificarme para conseguirlo, y estoy dispuesto a pagar lo necesario para lograrlo, dando lo mejor de mí mismo, y poniendo lo que tengo en mi mano para conseguirlo. Con ello, no menosprecio el tiempo que tardan otras personas en conseguirlo, lo respeto, pero mi modo de hacerlo es así, me gusta sumar cada día pequeños detalles, para conseguir grandes resultados. En ocasiones, se malentiende mi poco tiempo de preparación con lo preparado que pueda estar para lo que tenga en afrontar, por eso siempre explico que el volumen de trabajo que hago y lo que me esfuerzo equivale al de cualquier otra persona en el tiempo, porque al final lo que hago lo hago a base de determinación, empeño, trabajo y mucho, mucho sacrificio para conseguirlo.

Todas estas experiencias han cambiado hasta mi sentido de la rutina, y es que antes, además de pensar mucho en el futuro, tenía siempre unas rutinas muy marcadas que llevaba a cabo, pero ahora la rutina y yo, tenemos una especie de amor odio. Cada día siento que necesito tener unas rutinas y unas dinámicas de continuidad en mi vida que me hagan comprender que hago algo de provecho para el futuro, y sentir que tengo algo a lo que aferrarme, pero a la vez no quiero tener una rutina que me ate, no quiero una monotonía, porque no quiero hacer todos los días lo mismo de la misma manera en el mismo lugar, en el mismo entorno. Por todo ello comprendí que cada día debemos disfrutar del tiempo que tenemos, y que pese a que tengamos unas rutinas que nos marquen un camino en el futuro, no debemos ser esclavos de esas rutinas ni de ese futuro, porque si no nos olvidaremos de disfrutar el presente.

A día de hoy y debido a mi motivación y alegría constante, en muchas ocasiones tengo que lidiar con tesituras en las que estoy más serio por la situación que vamos a vivir, o soy más realista con los objetivos que tenemos que afrontar, y por ello creen que soy negativo, pero no es así. Me pasa lo mismo cuando estando algo triste, la gente, al verme, cree que estoy enfadado, pero tampoco es así, solo que en ocasiones hay que afrontar esas situaciones y sobreponerse lo antes posible, y no es malo.

Muchas veces no valoramos la importancia de arrastrar una carga por considerar que es pequeña y que no nos afecta, en esas ocasiones no las compartimos, no las hablamos y pensamos que no pasa nada, pero esto no es así.

Piensa en un vaso de agua como una carga que tienes que sujetar, si la sujetas con el brazo estirado durante cinco minutos, seguro que ni lo notas y hasta te haría gracia, pero si ahora tienes que sujetar el mismo vaso durante un día entero, la cosa cambia. La misma carga que parecía que no te podía hacer daño, ahora cada segundo que pasa te hunde hasta que no puedes más.

Por ello, en ocasiones no es malo ser más realista de lo normal o estar algo triste por un vaso, ya esté medio lleno o medio vacío, en ese momento hay que aprender a canalizar, transmitir y hablar de esa carga que nos preocupa. Por eso, ya sea la carga ligera o pesada, no te la guardes, no creas que puedes con ella, porque tarde o temprano te hundirá.

Si quieres, puedes. Esta frase siempre me ha acompañado en mi vida, y en más de una ocasión me ha ayudado a seguir. Pero, otras veces, a pesar de resonar en mi cabeza una y otra vez, por otros pensamientos que tenía, esta frase pasaba desapercibida, y no le hacía mucho caso. No fue hasta mi accidente cuando realmente me di cuenta de la importancia de estas tres palabras, y de lo importante que es creer en ellas para conseguir lo que sea.

En esta vida todo es actitud, si tu actitud es buena, tus actos serán buenos y beneficiosos para ti y para los que están a tu alrededor, pero si tu actitud es mala, todo a tu alrededor se verá afectado. Si tu actitud es buena, tus pensamientos también lo serán, y aunque no te lo creas al principio, si piensas en cosas positivas y refuerzas la idea de que si quieres, puedes, acabarás consiguiendo lo que deseas, tarde o temprano, pero lo conseguirás, de una manera u otra, acabarás donde nunca antes creías que podrías estar.

Tienes que valorarte y creértelo, tienes que comenzar por eso, si te valoras y lo crees de verdad, todo comienza a rodar, a funcionar, puedes ser más reacio o susceptible al principio, y si no tienes paciencia puedes ver que no funcionará, pero si perseveras y trabajas en ello, verás que esa idea se transformará en una filosofía. Seguro que habrá momentos malos pero tu actitud será diferente, y tu determinación para hacer frente habrá cambiado y tu motivación también, y donde antes había un problema, ahora ves una manera de mejorar lo que te está sucediendo. Te darás cuenta que aun siendo algo malo, lo podrás afrontar y continuar, e incluso sacar algo positivo.

Piensa, si una persona te da un billete y te pregunta si lo quieres y dices que sí, y la persona entonces lo dobla y lo aplasta y te vuelve a preguntar que si lo quieres, y tu contestas nuevamente que sí. La persona lo rompe un poco y lo tira al suelo para preguntarte de nuevo si lo sigues queriendo, y tú, una vez más, le respondes que sí, hasta que la persona lo acaba pisando y manchando y seguro que aún así lo querrás cuando te lo pregunte de nuevo. Esa persona, ante esa situación, seguro que te preguntará por qué lo sigues queriendo, y seguro que acabas contestando, que aunque esté doblado, aplastado, roto, manchado y pisado, su valor sigue siendo el mismo, así que acuérdate de ese billete cada vez que te sientas así de machacado y pisado, acuérdate de ese billete cada vez que dudes del valor que tienes tu mismo. Comienza por creer, piensa realmente el valor que tienes, y que tú si quieres puedes tomar la decisión de hacer cosas que ahora no imaginas, cosas que por no valorar ni creer en tus posibilidades contemplas ahora, pero que si das el paso, si crees en ello y crees en ti, verás, si tienes paciencia, esa creencia convertida en realidad.

Hoy en día me llegan muchos mensajes y correos con preguntas muy variadas, pero hay una que siempre se repite: **¿qué le dirías a una persona con un problema de sobrepeso, o de ansiedad, o una lesión física?** Siempre contesto lo mismo, en todos los casos, ya sea una persona afectada por una lesión medular, o una persona con sobrepeso, o una persona que tiene ansiedad. Que son dueños de su destino, que tomen las riendas, y que sean constantes y luchadores, porque día a día es como se consiguen los objetivos, trabajando y queriendo, siempre desde uno mismo hacia los demás, por nosotros y por la ayuda que nos ofrecen todas las personas que nos rodean, sin esperar a que los demás lo hagan todo por nosotros, porque de esa manera lo único que haremos es arrepentirnos cuando nos veamos solos en nuestra casa sin nadie que nos pueda ayudar, por no haber puesto de nuestra parte cuando todos lo hacían.

Cada momento de mi vida que me he tenido que enfrentar a algo, ya fuese cuando tenía sobrepeso, ansiedad o cuando sufrí mi lesión medular, siempre en todos los casos, lo que vi y lo que aprendí, es que el primer paso lo tenía que dar yo, que el primer paso y el más importante que puede cambiar todo el porvenir de las cosas, tiene que empezar por uno mismo.

También siempre digo que no por hacer lo mismo que hice yo se va a obtener el mismo resultado, pero que no por ello dejen de trabajar y luchar peleando día a día en sus objetivos, porque lo malo estuvo, está y estará, y siempre tendremos factores negativos que nos rodean y condicionan aparte de que puedan salir mal, pero sólo nos hace falta buscar esa razón positiva, esa motivación para cada mañana trabajar y seguir persiguiendo nuestro objetivo.

En ocasiones me pregunto si soy feliz, que si haciendo todo lo que hago disfruto y soy feliz, que si exigirme tanto, sacrificarme constantemente y soportar el continuo cansancio vale la pena para ser feliz. Después de todos estos años, ahora sé que ser feliz y seguir viviendo no es pasar las hojas de un calendario, sino entender que cada hoja de ese calendario es única e irrepetible, y que exigirse, sacrificarse y soportar el cansancio valen la pena por una causa, porque la tragedia en la vida no consiste en no alcanzar nuestras metas, la tragedia en la vida es no tener metas que alcanzar.

Todos podemos conseguir aquello que nos propongamos con firmeza, porque hasta lo que parece imposible, se vuelve posible al intentarlo. Por eso haz las cosas que quieres, si dudas, hazlas, no quieras dentro de unos años, cuando repases tu vida, decir que no te atreviste a hacerlo y haber perdido un montón de calendarios.

Si pudiera deciros una cosa más, os diría:

Que no esperéis a tener un hecho traumático o cercano a la muerte para tomar las riendas de vuestras vidas, que todos podemos, en el momento que queramos ser nuestros propios líderes, tomar el control, motivarnos, esforzarnos y trabajar para conseguir lo que queremos, porque todos, con confianza y creyendo en nosotros mismos, podemos conseguirlo, sin duda.

Mi ventana al mundo

Durante estos últimos años encontré en Internet una ventana al mundo por la cual comunicarme con todos, en cualquier momento, en cualquier lugar. Las redes sociales como *Twitter*, *Instagram*, *Facebook* y *Youtube*, en las que me podéis buscar por @VictorTasende, son una manera de comunicarme y expresarme con mucha gente. En ellas he estado escribiendo frases de motivación, inspiración y superación durante todo este tiempo.

La mayoría de las frases las redacté de manera inspirada a lo largo de mi día a día, principalmente cada vez que acababa de entrenar o de completar una prueba por las experiencias que vivía en esos instantes. Otras las fui escuchando o leyendo a lo largo del tiempo en diferentes películas y libros.

Aquí os dejo una recopilación de las que más me han ayudado, y más me han marcado en el camino a mis objetivos, personales, laborales y deportivos:

La peor desgracia de mi vida ha sido el mejor y mayor regalo que he recibido.

El deporte es lo único que me hace sentir realmente libre, y el sufrimiento me hace sentir vivo.

Peleo por lo que quiero y me dejo el alma y la piel para conseguirlo, me motivo cuanto más adversas o dificultosas son las situaciones, y me enfrento al miedo para que me sirva de aliado con el fin de conseguir mis objetivos y superarme.

No lo quiero todo solo, lo quiero todo contigo.

El objetivo es conseguirlo, pero el logro es intentarlo, es el mayor esfuerzo y la mayor satisfacción que podemos vivir durante el proceso.

Con veinte años tienes la cara que dios te dio, con cuarenta la que la vida te ha dado, y con sesenta la que te mereces.

Es duro fracasar, pero mucho peor es no haberlo intentado.

Porque todo es posible en la medida que tú creas que es posible.

Porque si olvidamos por qué luchamos, ¿qué motivación y fuerza podemos tener cuando nos tenemos que enfrentar para lo que de verdad nos preparamos?

Lo imposible solo tarda un poco más.

El valor no es la ausencia del miedo, sino saber que hay algo más importante que el miedo.

Lucha por conseguir un objetivo, para conocerte mejor; esfuérzate para tratar de averiguar donde hoy estará el límite que mañana superaras.

Un muro se consigue colocando ladrillo a ladrillo día tras día.

Los límites no existen, son una mentira para que no consigamos lo que queremos, hay que ser realista, trabajar nuestras propias barreras, salir de nuestra zona de confort y extender la de aprendizaje.

Nunca debemos cometer el error de creer que tenemos más tiempo.

Un gran objetivo requiere un gran esfuerzo, y día a día se marca la diferencia.

Si algo merece la pena para que te levantes, se merece que lo hagas bien hasta el final, que des lo mejor de ti mismo, y si se pone duro una sonrisa, apretar los dientes y hasta el final.

La vida se basa en levantarte una vez más de la que te caes hasta conseguirlo.

Siempre se puede, la imaginación puede ser una realidad si persistes en tus sueños.

Para cumplir un sueño no hay que tener miedo, el secreto, no pensarlo demasiado.

Cada día los pequeños detalles marcan grandes resultados.

Mírate cada día al espejo, halágate y sonríe, aunque creas que es mentira, con el tiempo verás que la mentira era la verdad y tu verdad la mentira.

Saber encajar una derrota también es vencer, y si hay que perder es mejor que sea luchando.

Puedes moldear la vida, o dejar que la vida te moldee a ti.

Hay momentos en la vida donde hay un antes y un después, donde un segundo, en una decisión, cambia irremediablemente el transcurso de las cosas, como cuando todo va mal y decides seguir o no seguir.

La locura quizás sea el mejor punto de cordura para conseguir los objetivos.

Trabaja en algo que te guste, y nunca más tendrás que trabajar.

Cuando te paras y levantas la vista, descubres sitios maravillosos demasiado cotidianos y que no apreciamos.

Consigo mis éxitos pensando en mis fracasos.

El camino al éxito reside en una decisión, tener fe en ti mismo, ser perseverante y esforzarte en una disciplina, siendo humilde pero pensando que tú puedes.

Cuando todo está perdido, aquello por lo que luchamos define lo que somos.

No hay nada que me pueda motivar más que me digan: “no puedes”. Eso saca lo mejor de mí, me encantan los imposibles.

En la vida hay dos clases de personas, los martillos o los clavos.

A lo mejor llevamos días sin hablar, sin escribirnos, sin vernos, pero ni eso ni nada cambia que eres tú a quien necesito y quiero.

No has abandonado, sólo has pospuesto algo que es inevitable, levántate y comienza tu camino de nuevo.

Las dificultades preparan a personas comunes para destinos extraordinarios.

El deporte es mi vida, es mi estilo, lo que me da vitalidad, energía, fuerzas, ganas y claridad. Es, sin duda, la mejor medicina que conozco.

Hay tres cosas que nunca vuelven atrás: la palabra pronunciada, la flecha lanzada y la oportunidad perdida.

Todo es posible en la medida que tú creas que es posible, a todos nos gusta volar.

Dime y lo olvido, enséñame y lo recuerdo, involúcrame y lo aprendo.

Nunca digas nunca.

En ocasiones no te tienes que cruzar el desierto o hacer varios *Ironman* en un mes, en ocasiones para encontrarte a ti mismo, y saber qué es lo que quieres y de lo que eres capaz, solo te hace falta una mochila y muchas ganas de aventuras.

Dicen que el tiempo lo complica todo, no esperes al tiempo, el tiempo no espera por ti.

Si tienes una motivación no te para nadie, ni siquiera tu mayor enemigo, que en este caso y muchas veces eres tú mismo.

Hasta los chaparrones que te dejan calado pasan, el sol siempre sale.

El pasado no se puede cambiar, el ahora es el presente, lo que vivimos, y el futuro es donde vamos a estar. Disfruta cada día.

Caminando por la vida comprendí que lo importante no es saber lo que uno tiene, sino saber lo que uno vale.

Vive junto a quien te haga feliz, y exprime la vida.

Yendo solo llegarás rápido, si buscas buena compañía, llegarás lejos.

Aprovecha tu tiempo, corre con él, no te dejes llevar o te quedes parado, el tiempo no se recupera, nunca estarás en el mismo punto que estuviste.

Iré a cualquier parte, siempre que sea hacia adelante.

Cambia tu forma de ver las cosas, y cambiarás las cosas que ves.

La vida es como una escalera que vas subiendo peldaño tras peldaño siempre pasando para cada una de estas fases:
"No lo haré" - "No puedo hacer" - "Quiero hacerlo" - "¿Cómo podría hacerlo?" - "Trataré de hacerlo" - "Puedo hacerlo" - "Lo haré" - " ¡ SÍ !, ¡ LO HICE !".

La vida no se mide por las veces que respiras, sino por los momentos que te dejan sin aliento.

Para alcanzar algo que nunca has tenido, tendrás que hacer algo que nunca hiciste.

Si puedes soñarlo, puedes hacerlo.

Cuatro pasos para ser feliz: conócete, cambia lo que no te gusta, acepta lo que no puedes cambiar, disfruta de ti mismo.

La acción más pequeña vale más que la intención más grande.

Aunque a veces las cosas no salgan como esperas, no dejes de intentarlo.

En la vida existe el AHORA, no el MAÑANA ni la PRÓXIMA SEMANA, o el AÑO QUE VIENE. Es AHORA, no en el FUTURO o cuando se consiguen las cosas, es AHORA cuando se logran.

No es más rico quien más tiene sino quien encuentra lo que necesita.

La tragedia en la vida no consiste en no alcanzar tus metas. La tragedia en la vida es no tener metas que alcanzar.

Durante tu camino puedes encontrar cientos de razones diferentes para rendirte, pero has de buscar esa razón para seguir firme.

Con ESFUERZO, CONSTANCIA y CORAZÓN todos podemos conseguirlo.

Para mi ser *finisher* es como una fantástica, maravillosa y gran guinda de un pastel de lucha, esfuerzo, sacrificio, constancia y motivación.

El tiempo no es un fin, sino una medida que me permite alcanzar mis sueños.

Que nada ni nadie te pare, tú eres capaz de cualquier cosa si tienes la fuerza y la voluntad de llevarlo a cabo hasta el final.

Sonríe aunque no tengas una razón para hacerlo, porque hacerlo te dará razones para conseguirlo.

La vida es algo más que observar cómo los demás la viven.

Haz las cosas que quieres, si dudas, hazlas, no quieras dentro de unos años, cuando repases tu vida, decir que no te atreviste a hacerlo.

Sin sacrificio no hay victoria.

Nunca somos demasiado mayores para sentirnos como niños.

En muchas ocasiones el equilibrio es difícil de conseguir, pero si lo intentas todo en la vida es posible.

Si vas hacer algo que aparenta ser malo, asegúrate que el resultado siempre sea bueno.

Ser último no es malo, ser último, es esforzarte y no abandonar hasta el final de tu propio objetivo.

Sí se puede, sí podemos, sí puedes.

Esperando ese salto, ese salto que te transporta y te lleva a sitios que aún desconoces, ese salto que puedes esperar toda la vida, o dar.

El corazón tiene motivos que la razón no entiende, cuando dudes hazle caso a tu corazón.

No importa la perspectiva, no importa lo duro que se ponga, o lo oscuro que parezca, importa continuar, seguir, luchar y perseguir lo que quieres, lo que te motiva y te gusta.

El resultado ahora de mi vida son todas las decisiones buenas o malas que he tomado y que pasaron por algo.

Cuando miras hacia adelante no sabes por qué ocurren las cosas, pero cuando miras hacia atrás todo cobra sentido porque sea como sea has dejado una estela de ti mismo.

Cuando tienes un problema pregúntate porque a ti y cómo puedes aprender, pero no te digas que mala suerte, porque te sentirás víctima y no lo podrás cambiar.

Pon vida a los años, no años a la vida.

Si no puedes volar, corre,
si no puedes correr, camina,
si no puedes caminar, arrástrate,
pero sea lo que sea lo que hagas, ¡SIGUE ADELANTE!

Nuestros sueños son los porqués de la vida.

El pasado es como una estela de avión al pasar, que no controla ni dirige su rumbo, sino que es el piloto el que decide a dónde se dirige, tú eres el piloto de tu vida, tú decides si quieres, tú tienes todo el poder, tu pasado no determina tu futuro, tú, ahora con tus decisiones puedes cambiar el rumbo de tu vida.

Muchas veces es querer más que poder, porque si quieres, al final puedes.

Tarde o temprano siempre tendrás que enfrentarte a lo que no quieres, solo tú decides si quieres que sea la vida o tú quien tome las riendas.
En los cambios hay:
Dinosaurios, que se resisten y se extinguen.
Camaleones, que se adaptan.
Gusanos, capaces de cambiar a mariposas

No soy ningún fenómeno, ni ningún fuera de serie, soy uno más, tengo que hacerlo lo mejor que puedo con lo que tengo, sumando cada día, cada instante.

Disfruta del tiempo, es el activo más importante que tienes y que nunca podrás recuperar.

La noche es mucho más oscura justo antes del amanecer, por muy malo que sea el día siempre tendremos luz en algún momento.

Disfruta de cada día como si fuese único e irrepetible, porque para bien o para mal no se volverá a repetir.

En los malos momentos es cuando más tenemos que resistir, es donde marcamos las diferencias para disfrutar de los buenos.

La vida pasa demasiado deprisa, disfruta el momento.

Todos tenemos momentos duros en la vida, es en esos momentos donde intentando lo imposible es como se realiza lo posible.

El liderazgo es una oportunidad de servir, no de lucirse, aprovecha para ayudar a toda la gente que puedas.

Trata bien siempre a todo el mundo, nunca sabes que te puede deparar el futuro.

Los razonables han durado, los apasionados han vivido. No busques una razón prudente y persigue tus sueños con toda tu pasión.

No dejes de ser quien eres, no permitas que te digan que no sirves, si sabes lo que vales ve y consigue lo que mereces.

No soporta uno su destino. Lo labra a base de esfuerzo, sudor y lágrimas.

Si sueñas y crees en ello, lucha, trabaja, esfuérzate y de una manera u otra mediante sudor, sangre y lágrimas lo conseguirá.

El tiempo es justiciero y pone cada cosa en su lugar, continúa trabajando en lo que quieres y nunca desistas.

La felicidad no brota de la razón, sino de la imaginación. Imagínate lo que quieres y se feliz para conseguirlo.

La meta está todo lo lejos que uno mismo se la ponga, disfruta de tu camino hasta ella. Una vez allí comienza de nuevo.

No podemos controlar los sueños, nuestros actos sí. No hay excusas para no pelear por nuestros sueños.

No importa el tiempo que te lleve subir una cuesta, lo que cuenta es que al final acabes arriba, contemplando lo conseguido.

El límite está en el momento que paras, pero si continúas en los malos momentos y lo superas, la siguiente vez será mejor.

Por muy nublado y oscuro que esté el cielo, el sol y las estrellas siempre están por encima brillando con fuerza.

La juventud no es un tiempo de la vida, es un estado del espíritu, y mediante el deporte nuestro espíritu es muy grande.

Todos nos equivocamos, si lo reconocemos, lo aceptamos y lo rectificamos, aprenderemos una valiosa lección.

En los peores momentos, donde tu cuerpo lucha contra tu mente, tienes que reponerte, superarte y acabar lo que haces.

Cuando la lucha comienza en nuestro interior, es cuando vale algo, y ese momento marca la forma para perseguir tu sueño.

Tan meritorio y valiente es luchar como resistir. Lucha por tu sueño en cada momento y resiste las malas situaciones.

En los pequeños detalles es donde radica la esencia de lo que haces para conseguir tus sueños, no lo olvides.

No evites los problemas, enfréntate a ellos, verás que no todo es tan malo y que se pueden aprender experiencias buenas.

No importan las condiciones ambientales, ni la dificultad técnica por hacer las cosas, sólo importa cómo las afrontas.

Nunca te rindas, emprende retos nuevos, y no te quedes estancado. ¡Lucha por lo que quieres hasta el final! te sorprenderás.

¡Si tienes un motivo nadie puede contigo!

Ponle pasión a la vida, sigue tu corazón, aunque tu cabeza en ocasiones diga otra cosa.

Si lloras por haber perdido el sol, las lágrimas no te dejarán ver las estrellas, siempre hay alternativa. Busca, insiste y avanza.

Aquellos que dicen que algo no puede hacerse, suelen ser interrumpidos por otros que lo están haciendo, no esperes más, hazlo.

El triunfo no es producto del azar, sino de la perseverancia, el aprovechamiento de los recursos y la dedicación constante.

Decide si lo que quieres lograr es digno de los riesgos que puedes correr, si la respuesta es positiva, deja de preocuparte.

Sé que no tengo talento, el talento se tiene, se nace con él, no se aprende, pero sí tengo habilidad, motivación y dedicación a mis sueños.

No digas que no eres capaz de conseguirlo sin haberlo intentado con todas tus fuerzas, podemos ser lo que queramos.

La tragedia en la vida no consiste en no alcanzar tus metas, la tragedia en la vida es no tener metas que alcanzar.

No tengo ni idea de lo que puedo hacer, solo sé lo que puedo hacer.

Lucha por tus sueños y por tus ideas, los caminos pocas veces están llenos de rosas, la mayoría lo están de espinas.

Peleo por lo que quiero y me dejo el alma y la piel para conseguirlo, me motivo cuanto más adversas y dificultosas son las situaciones, y me enfrento al miedo para que me sirva de aliado con el fin de conseguir mis objetivos y superarme.

Ve, vívelo, regresa y cuéntalo.

Sólo aquellos que se arriesgan a correr muy lejos son conscientes de lo lejos que pueden llegar a correr.

Concéntrate en lo que quieres conseguir, persigue tus sueños hasta el final, no te amargues por lo que te falta, lucha por lo que quieres sin descanso, cuenta todo lo bueno que te pase y sonríe todo lo que puedas.

Si la vida te da mil razones para llorar, dale a la vida mil y una razones para sonreír.

Tú vales lo que tú te valores. Porque si te valoras por encima de todos esos detalles negativos, de esos palos y de todas esas personas que te ponen el pie encima cuando empiezas a levantarte, sin duda es porque tú vales la pena.

Más camino, menos Santiago.

Buen camino, viajero.

Dedicatoria

Dos meses después, aquí continúo, en mi escritorio, frente al ordenador, y a punto de acabar lo que hasta ahora ha sido el reto más grande de mi vida, para el que más tiempo llevaba preparádome y al que más respeto le tenía. Y es que escribir un libro nunca es fácil.

Lo cierto es que aunque lo que creía imposible, ahora es una realidad, durante este tiempo he vivido una montaña rusa de emociones, un constante vaivén de júbilo y pena, de felicidad y amargura, de diversión y tristeza, de satisfacción y nostalgia. He tenido que recordar con detalle cada instante de los últimos diez años, desde la noche de mi accidente hasta hoy, para poder escribirlo y transmitirlo como quería, como sentía que era necesario hacerlo, y eso no ha sido fácil. Recordar con detalle temas y asuntos que tenía ya zanjados y cerrados no ha sido tarea sencilla. He tenido que remover fantasmas del pasado, y enfrentarme a situaciones y hechos que no estaban terminados por no saber cómo tenía que actuar en ese momento, y que según los iba recordando recapacitaba cada situación, para poder continuar. Durante este tiempo también he recordado muchos y muy buenos momentos, momentos que además me han ido dando las fuerzas necesarias para seguir y continuar escribiendo, y es que nunca debemos olvidar de lo que somos capaces si queremos, porque recordar eso nos dará las fuerzas necesarias para continuar en cada momento.

Si bien es cierto que solo han pasado dos meses desde que empecé, llevaba mucho tiempo con esta idea. Aquí me encuentro, redactando las que serán las últimas frases del libro, y ahora más que nunca sé la importancia que tiene escribir un libro uno mismo. No importa el tiempo que te lleve, ya sea mucho o poco, lo que importa es hacerlo como a ti te guste, y como quieras transmitir tu mensaje a la gente, y al final el tiempo es lo de menos, porque si quieres, sin darte cuenta estarás redactando sin parar, y podrás realizar párrafo por párrafo, capítulo tras capítulo hasta el final del libro. Así es como lo he hecho. Pese a que le tenía un gran respeto, además de tan idealizado que lo veía como una frontera infranqueable, como una quimera imposible, cuando me comprometí y comencé a creer en ese improbable que era que yo escribiera un libro, poco a poco, día tras día y con mi cuaderno que me acompañaba a todas partes, fui escribiendo capítulo tras capítulo, sin darme cuenta siquiera de lo que estaba haciendo en el conjunto global del libro.

Durante estos años he tenido la suerte de conocer en persona a varios escritores que tenía en muy alta estima por todos los libros que ellos habían escrito y que yo había leído. Pero al enterarme de que ellos solo los firmaban y no los escribían, mi pensamiento hacia ellos ha cambiado, y es que por muy bien que esté redactado un libro por otra persona, si no es el propio escritor, queriendo escribir de su vida, no lo escribe, el libro no tiene su esencia, y eso lo he descubierto escribiendo este libro. Escribiendo mi libro, he comprendido que hay momentos, instantes, que solo uno mismo puede escribir, y es probable que no lo hagas de la forma más políticamente correcta, pero es tu forma, es tu manera, es tu esencia y eso nadie debería cambiarlo.

Por eso, a día de hoy creo firmemente que todos deberíamos escribir un libro, que todos deberíamos escribir nuestro propio libro, con nuestra esencia, con nuestra fuerza, con nuestras alegrías y tristezas, con nuestros miedos y felicidades, con nosotros mismos como protagonistas de nuestras propias vidas, y no dejar que otros ocupen nuestro papel en el libro como en la vida. Nosotros somos nuestro propio escritor.

Pese a todo, y a punto de finalizar este capítulo y con ello el libro, mentiría si no dijese que siento una presión y un miedo como no había sentido hasta ahora escribiendo cada parte del mismo. Ver cómo se convierte en una realidad me llena de un orgullo y una satisfacción que no sé describir en estos momentos, y a su vez, de un temor que no comprendo, y es que mi deseo es que quede todo lo bien que yo quiero, y deseo que pueda estar a la altura de lo que os merecéis.

En estos últimos días, durante esta recta final, plasmar estas palabras me ha costado mucho más que lo que he escrito hasta ahora, y es que saber que un libro es para siempre, y saber que la letra escrita perdurará en el tiempo me transmite una sensación de responsabilidad por dejarlo perfecto que me intranquiliza y me asusta. Pero como todo en la vida, hay que seguir adelante y hacerlo lo mejor posible y como mejor lo sabe hacer uno mismo, y pese a que no pueda llegar a las expectativas deseadas por algunos, o a que no pueda ser lo esperado por otros, que por lo menos la sensación de uno mismo sea satisfactoria y plena, de haber hecho el trabajo bien hasta el final, con las herramientas y los recursos a nuestra disposición. Creo, sin temor a equivocarme, que lo he hecho lo mejor que he sabido, dando lo mejor de mí mismo cada vez que me sentaba frente al ordenador a escribir, cada momento que me grababa con el móvil para más tarde transcribirlo, y hasta todo lo que apuntaba en la libreta que siempre llevaba conmigo a todas partes por si me surgía alguna idea, y que en cuy aportada había escrita la siguiente frase: **"Seamos realistas, hagamos lo imposible"**.

A lo largo de todo el libro, en pocas ocasiones he hecho referencia a la gente que me ha acompañado durante todo mi camino, y que han marcado la diferencia en todos estos años para el resultado de la persona que soy hoy en día. Sin ellos, no hubiese sido posible, y por ellos hago este capítulo especial, para no olvidarme de ninguno.

Primeramente quería agradecerle a toda mi familia todo el trato, apoyo y cariño que me han dado durante estos años. Pese a vivir una situación familiar un tanto complicada y peculiar, sé que siempre hicieron lo que pudieron y todo lo que estuvo en sus manos por hacer de mi vida algo mejor, y aunque en ocasiones, por no saber cómo actuar, sé que ese cariño no fue del todo correspondido por mi parte, debido a mi carácter frío y distante, pero siempre los quise y los querré, porque son mi familia, y pese a las circunstancias, al tiempo, a la distancia, o a los roces, ellos son mi familia y los quiero.

Sin duda dentro de mi familia, una mención muy especial se la lleva mi abuela. Ella, sin duda, ha hecho que sea la persona que soy hoy en día. Ella, con su carácter, con su valentía, y con todo su trabajo, ha hecho de madre y de padre, de madrina, abuelo y abuela, de hermana y amiga. Al igual que para mí, siendo hijo único, no fue fácil criarme sin padres, para ella, en su situación, teniendo que tirar del carro ella sola, tampoco lo fue, pero sin duda sé que estando los dos juntos, todo fue más fácil, y a mí nunca me faltó el cariño que necesite.

Sin duda para mi abuela no hay mención o premio lo suficientemente importante como para estar a su altura, y es que ella desde que yo nací me cuidó y me crió como a un hijo, y pese al trabajo, a los viajes y a que en muchas ocasiones se tuviera que apretar mucho el cinturón y renunciar a sus necesidades, nunca dejó que me faltara nada de lo que necesitara para el día a día, y recuerdo que desde muy pequeño me enseñó el valor y la responsabilidad que tenemos que tener para conseguir lo que queremos por nosotros mismos, y que si queremos algo debemos nosotros mismo trabajar para conseguirlo. Y aunque durante mi infancia fue triste y difícil ver como mis amigos tenían la ropa de moda, o la tecnología del momento, o una bicicleta nueva, con el paso del tiempo todo lo que mi abuela me había inculcado sobre el valor de las cosas me demostraba que eso no tenía importancia, que en ningún momento me había faltado lo que necesitaba para continuar, y cuando llegó el instante de tomar mis propias decisiones sabía cómo tenía y debía de hacer en cada momento, y es que ella no me había regalado juguetes nuevos, o la ropa de moda, o la tecnología del momento, ella me había regalado lo más importante y lo que necesitaba en esa fase de mi vida y que ahora, con el paso del tiempo, valoro mucho más. Ella me había regalado amor, cariño, apoyo y responsabilidad para convertirme en el hombre que soy hoy en día.

Gracias a ella soy como soy hoy en día, y ya no sólo por cómo me crió y a todo lo que se tuvo que enfrentar por segunda vez, sino porque fue mi principal y más fuerte motivación para salir adelante tras mi accidente, porque en ese momento me volvió a mostrar que la gente puede ser asombrosa y maravillosa, y que es mucho lo que una persona puede resistir cuando quiere a otra. Siempre me acordaré de ese zumo de naranja natural que me llevaba todas las mañanas al hospital porque sabía que me gustaba y que eso me haría feliz.

Podrán pasar muchos años, y se que el cariño, el aprecio, y el amor que siento por mi abuela no cambiará, no se desvanecerá y no desaparecerá jamás, porque aunque no se lo diga todo lo que se merece, la quiero y no hay nada que pueda cambiar eso.

No sé si recordáis la esclava que en la noche del accidente no quería que me quitasen de mi muñeca. Esa esclava aún la llevo hoy en día, y es que esa esclava me la regaló la mujer más especial que pude conocer en mi vida, a la que le estaré siempre agradecido por todo lo que creyó en mí cuando nadie lo hizo, y siempre le estaré agradecido por todo lo que supo ver más allá de lo que sus ojos le mostraban durante mucho tiempo. Ella es mi pareja, la persona que me enseñó el significado de la palabra amor, y todo lo que ello abarca.

Su coraje y cariño, marcaron un antes y un después en cada bache del camino, ella con su paciencia y comprensión me enseñó lo mucho que una persona puede querer a otra. Ella con toda su ternura, dulzura y apoyo me enseñó lo que yo podía ser capaz de querer, de abrir mi corazón y de compartir mis sentimientos sin miedo, sin temor a que me hiciesen daño por decir lo que sentía.

No sé lo que nos deparará el futuro, pero a día de hoy sé que no lo quiero todo solo, sino que lo quiero todo con ella, a día de hoy sé que por mucho que pase el tiempo y los años, nunca habrá una persona a la que pueda querer más, porque ella me ha acompañado en mi vida, y pese a la distancia, al tiempo o a lo que pueda suceder, siempre está y estará en mi cabeza, y siempre la querré por encima de lo que puedo comprender.

Yo no sé porque la gente se enamora, o cómo la gente puede saber que esta enamorada, pero yo lo sé porque cada vez que la veo siento la misma ilusión, y una sonrisa dibuja mi cara. Siento que en mi corazón hay una fuerza descomunal. Gracias a ella me siento bien, me siento parte de algo importante, me siento completo.

Ella da cordura a toda mi locura, ella es la fuerza que me impulsa, es la razón por la que me levanto ilusionado cada mañana. Estando a su lado me considero afortunado y le agradezco al tiempo que me ha demostrado que las cosas buenas ocurren, y que fue la casualidad más bonita que se cruzó en mi vida, pese a todas las adversidades, pese al tiempo y a los diferentes rumbos que tomamos, pero cruzándonos para encontrarnos de nuevo, porque no necesitamos entender el amor, solo necesitamos demostrarlo en cada instante, en cada suspiro, en cada abrazo y beso.

Aunque no sepa quererla de la manera que se merece, siempre la querré con toda la fuerza de mi corazón, de la mejor forma que sé. Porque sé que somos una pareja perfecta, y no por no tener problemas y discusiones, sino porque pese a esos problemas y a esas discusiones, sabemos superarlos juntos y continuar por el mismo camino, porque nunca lte diré que no a una pelea de besos.

Hasta el momento en que la conocí no sabía lo que era la felicidad, no sabía lo que era tener una sensación de sentir pasar el tiempo volando, de pensar y actuar por algo o por alguien sin importar nada más, o de sentir una fuerza desmesurada al querer alcanzar un objetivo por un fin común. No sabía lo que era capaz de hacer y hasta donde era capaz de llegar por una persona, pero ahora sé que la felicidad no se logra con grandes golpes de suerte o fantásticos objetivos conseguidos esporádicamente por muy importantes que sean, sino que la felicidad se basa en pequeñas cosas que ocurren todos los días con la persona que más quieres.

Por eso ahora más que nunca me siento FELIZ, gracias a ella me siento FELIZ, porque he comprendido que para mí la felicidad es lo que siento.

FELICIDAD es lo que siento cuando la veo sonreír, cuando la veo segura, cuando dando lo mejor que sabe avanza y se supera.

FELICIDAD es lo que siento cuando me mira, cuando me besa, cuando me abraza y me hace sentir único y especial como si el mundo se parara.

FELICIDAD es lo que siento cuando tenemos conversaciones absurdas, miradas cómplices, cuando compartimos secretos inconfesables, o cuando no paramos de reír, de cantar, de viajar, de bailar.

FELICIDAD es lo que siento cuando escucho su voz, es lo que siento cuando leo un mensaje, es lo que siento cuando me grita "¡vamos, tu puedes!" entre todo el caos de una carrera.

Antes de conocerla no sabía que la felicidad podía llegar a niveles tan grandes, pero ella me demostró que es posible, porque a su lado la felicidad es fácil de alcanzar, porque la verdadera felicidad está en ver esos pequeños detalles y disfrutarlos día a día.

Gracias por hacerme feliz, gracias por fijarte en mí, gracias por compartir todo conmigo, gracias por todo, sin duda te volvería a decir que sí un millón de veces más.

Por supuesto, en este capítulo no podían faltar ellos, todos mis amigos y amigas, los culpables y causantes de todos los buenos y malos momentos que he vivido hasta ahora. Ellos y ellas siempre me han acompañado a lo largo de mi vida en diferentes momentos y lugares, y aunque es cierto que hubo temporadas que por trabajo, entrenamientos y viajes no tuvimos tanto trato como a mí me hubiese gustado, la complicidad, la confianza y el cariño siempre han estado, porque con un amigo a tu lado, sea donde sea, en el momento que sea, sabes que puedes contar con el, y a mí siempre me gusta corresponder y estar a la altura de lo que se merecen todos mis amigos. Por ello tras el accidente aprendí que siempre hay que sacar tiempo para ellos, que pese a que estemos mejor en el sofá un día lluvioso y frío debido al cansancio del trabajo, debemos levantarnos y compartir momentos con ellos, porque los amigos son como la familia.

Durante todos estos años he observado y recapacitado sobre varias cosas, que antes hacía mal y que tras el accidente decidí cambiar. Antes, al igual que mucha gente y como norma general, no valoraba las cosas que tenía tanto como hubiera debido, y me centraba en lo superficial, para justificarme a mí mismo que no podía hacer nada más para cambiar esa situación, y comenzar algo nuevo que desconociera. Imaginad un tarro grande de vidrio, que pasaría al llenarlo con pelotas de golf, pensaríamos que esta lleno, pero si cogemos unas canicas y las metemos en el tarro, ¿qué pasaría? Que las canicas cubrirían los espacios de las pelotas de golf, cuando creíamos que ya estaba lleno. Esta vez pensaríamos que esta lleno y que no hay nada más que podamos meter, pero y si cogemos arena, ¿qué pasaría al introducir arena? Que la arena cubriría todos los espacios vacíos, entonces ya es ahora cuando no podemos llenar el tarro mas....¿o si? qué pasaría entonces si vaciásemos dos cafés sobre el tarro, efectivamente que cabrían junto con las demás cosas. Entonces ¿qué sentido tiene esto? Un tarro, nuestra vida...

Imaginándonos que este bote representase nuestra vida, las pelotas de golf son las cosas importantes en nuestras vidas como la familia, los hijos, la salud, los amigos, el amor, cosas que nos apasionan y nos llenan, cosas que, aunque perdiéramos el resto y solamente nos quedasen estas, nuestras vidas aún estarían llenas.

Las canicas son las otras cosas que nos importan, como el trabajo, la casa, el coche...y la arena es el resto de las pequeñas cosas que no apreciamos del día a día pero que nos ocupan, pensando en que si pusiéramos la arena en el bote de primero, no habría espacio para las canicas, ni para las pelotas de golf.

Lo mismo sucede con la vida. Si utilizáramos todo nuestro tiempo y energía en las cosas pequeñas, no tendríamos nunca lugar para las cosas realmente importantes.

Tenemos que prestar más atención a las cosas que son cruciales para nuestra felicidad, valorar lo que tenemos y establecer prioridades, el resto solo es "arena".

No nos olvidemos del café, ¿qué representa? El café es para demostrar que aunque nuestras vidas nos parecen llenas, siempre hay un lugar para dos tazas de café con los amigos, porque nunca debemos olvidarnos de la gente que nos acompaña en nuestro camino.

Hay amigos que puedes estar tiempo sin ver, que cuando te reencuentras de nuevo con ellos, y les cuentas en los proyectos en los que estás metido, ellos no dudan ni un segundo en acompañarte. Hay amigos que siempre están ahí, en las duras y en las maduras, acompañándote en las diferentes épocas de tu vida, pese a los roces, pese a las discusiones, pese a la distancia y al tiempo, por ellos, por ti, porque son tus amigos.

También hay amigos que te marcan para siempre, como una madre coraje que es capaz de remover cielo y tierra por su hijo, y hasta cruzar el desierto para buscar una cura para su enfermedad, y pese a todo, escucharle decir **"algún día diré, no fue fácil, pero lo logré"**, y tú no dudarlo ni un segundo. Y qué decir de los amigos que son capaces de conducir kilómetros y kilómetros para ver cómo cruzas la meta de una prueba o realizas una ponencia en un evento, o incluso desconocidos que se pueden convertir en amigos de sudor y sangre, tras completar una prueba del más alto nivel de exigencia física y mental, para más tarde tiempo después volver a querer realizar más pruebas juntos.

Los amigos son únicos e irrepetibles, y en muchas ocasiones aprendes verdaderas lecciones de vida ante su fuerza, su coraje y su lucha por una causa, que hace que los quieras aún más, aunque estén a kilómetros de distancia y solo os podáis ver veces contadas. Por ello siempre les estaré eternamente agradecido a cada uno de ellos.

A lo largo de estos años he pasado horas y horas entrenando, compartiendo con muchos amigos y compañeros de fatigas, momentos extraordinarios de sudor y lágrimas, de alegrías y penas, de satisfacción y felicidad, y es que cuando compartes momentos tan intensos día tras día como los que viví estos últimos años entrenando y compitiendo con cada uno de ellos, aprendes a ser mejor deportista y persona, y por ello les agradezco todo el tiempo que han pasado conmigo, toda la paciencia que han tenido en cada momento y todo lo que me han exigido en cada situación para que fuese mejor, porque eso ha hecho que sea el deportista que soy hoy en día.

En este capítulo, también quería agradecer la lección aprendida a todos los personajes famosos con los que tuve el placer de compartir momentos y conocerlos mejor en estos últimos años. Me han enseñado que, aun siendo inmensamente grandes, y pudiendo tenerlo todo, es gente con sentimientos y emociones, con miedos y deseos, porque por encima de todo son personas, y ni la fama, ni el dinero debe cambiar eso, porque nada debe cambiar tu esencia, tus raíces.

Llegando casi al final, no quería ni podía olvidarme de una parte importante de gente y marcas que me ayudaron en este proceso, y es que aunque a día de hoy, y por la sociedad en la que vivimos donde todo se consigue a base de resultados y aparición en medios de comunicación como forma de promoción y publicidad, en ocasiones, te encuentras con determinadas personas, y determinadas marcas, que sin más, sin pedirte nada a cambio, confiando en ti por tu trayectoria, te apoyan y te brindan su confianza, acompañándote en tu camino, y brindándote una oportunidad, que de no ser por ellos no podrías alcanzar. Por ello le estoy muy agradecido a varias marcas y personas que confiaron en mí sin pedirme nada a cambio, dándome una oportunidad de crecer unidos, y haciendo así que pudiéramos llegar muy lejos juntos de la mano, completando retos y proyectos increíbles y que siempre recordaré, como introducirme en el mundo de las redes sociales y acabar escribiendo artículos, a cruzar el desierto o escribir este libro, por ello, gracias a todos.

Y por último, y porque lo bueno se hace esperar, quería mencionar y agradecer a toda la unidad de lesionados medulares del Hospital de A Coruña, a los que siempre estaré eternamente agradecido por esta segunda oportunidad que me han brindado todos esos héroes anónimos que tras mi accidente me ayudaron en todo el proceso.

Porque si una cosa tengo clara a día de hoy, es que el mundo necesita héroes, y todo el equipo de profesionales médicos, auxiliares, terapeutas y fisioterapeutas, lo fueron, y lo están siendo, porque todos ellos hicieron que hoy, diez años después, pueda estar haciendo todo lo que he contado y escrito en este libro. Porque ellos, con su valentía, su coraje y su determinación, hacen que las personas que sufrimos una lesión medular podamos luchar por una segunda oportunidad, porque ellos, con su energía, su resistencia y su fuerza, son capaces de acudir día tras día a la unidad y poner buena cara a todo lo que allí ven, resistiendo las lágrimas, la tristeza y la pena de la cruel realidad, para poner una gran sonrisa y transmitir tranquilidad y ganas de vivir a los que estamos allí.

Por todo ello, siempre, siempre los recordaré y les estaré eternamente agradecidos a todos y cada uno de ellos, porque han hecho que hoy pueda hacer lo que hago, porque metro a metro, en cada kilómetro recorrido, cada medalla colgada, cada premio recogido y cada reto que he completado, ellos han estado conmigo, porque ellos hicieron posible que sea así.

Gracias, gracias a todos los que con el paso de los años habéis formado parte de mi vida, estéis o no ahora en este instante presentes, siempre habéis marcado una diferencia en mi camino, en ese momento en el que vivimos y compartimos experiencias y vivencias juntos. Instantes grabados en el tiempo y en la memoria de cada uno de nosotros.